Loretta Santini

STÄDTE ITALIENS

ORVIETO

REISEFÜHRER MIT STADTPLAN

Vertrieben durch

SOLINI MARCELLO

VIA LOGGIA DEI MERCANTI, 25

TEL. 341287 - ORVIETO

Herausgegeben und gedruckt von

NARNI – TERNI

ORVIETO

Der Besucher, der mit der Bahn oder auf der Autostrada del Sole nach Orvieto kommt, sieht diese Stadt bereits von weitem gleichsam wie einen mächtigen Klotz aus einer lieblichen Landschaft mit Feldern und Weinbergen emporragen. Die steilen Felswände, auf denen sich Orvieto kühn erhebt, sind aus vulkanischem Tuff und scheinen die Stadt trutzig zu umschließen, die wie eine Festung aus der Ebene des Paglia-Flusses herausragt.

Orvieto zählt sicher zu den einzigartigsten und interessantesten Städten Italiens, bekannt wegen seiner Lage, der etruskischen Funde, des teilweise mittelalterlichen Stadtgefüges und vor allem wegen seines berühmten Domes, einem Juwel gotischer Baukunst.

Orvieto ist nach Ansicht verschiedener Historiker vielleicht das einstige "Volsinii veteres", oder auch "Urbisvetus" (alte Stadt), im Gegensatz zum "Volsinii novi", dem nahe gelegenen Bolsena. In römischer Zeit erlebte Orvieto durch seine Keramikarbeiten eine wirtschaftliche Blüte. Zur Zeit der Barbareneinfälle wurde Orvieto von Alarich und Odoaker besetzt. Wittiko wiederum nützte die günstige strategische Lage Orvietos aus und machte aus der Stadt einen Verteidigungsstützpunkt im Kampf gegen die Byzantiner. Belisar eroberte sie jedoch nach hartnäckiger Belagerung im Jahre 583; Totila konnte die Stadt zurückerobern und sie dann bis zur endgültigen Niederlage der Goten eine Zeitlang besetzen.

Im Jahre 596 wurde Orvieto vom

Longobarden Agilulf eingenommen, bekam einen eigenen Bischof und später, 606, auch seine eigenen Grafen. Einer von diesen, Farolfo, gründete im Rahmen der von Kaiser Otto III. gewollten religiösen Erneuerung gemeinsam mit dem hl. Romuald Abteien und Klöster im Gebiet um Orvieto.

Im 11. und 12. Jahrhundert wurde Orvieto eine freie Gemeinde, Häuser und Türme wurden gebaut. Zahlreiche Vornehme der Grafschaft ließen sich nun hier nieder und errichteten Palazzi. Später rebellierte die Stadt gegen die päpstlichen Statthalter und wurde schließlich nach langen und heftigen Auseinandersetzungen von Hadrian IV. anerkannt.

Im Jahr 1137 war Orvieto bereits eine selbständige Gemeinde und wurde rasch zur guelfischen Festung Mittelitaliens gegen die wiederholten Angriffe ghibellinischer Flüchtlinge und der beiden Hohenstaufenkaiser Friedrich I. und Heinrich IV. 1199 ernannte der Papst den Römer Pietro Parenzo zum ersten Bürgermeister (Podestà); dieser wurde später in den Bürgerkämpfen zwischen den Monaldeschi (Guelfen) und den Filippeschi (Ghibellinen) umgebracht. Diese Kämpfe dauerten das ganze 13. Jahrhundert an.

Zwischen 1281 und 1284 ließ sich Martin IV. hier nieder und brachte viele Franzosen in die Stadt mit, gegen die sich die Bevölkerung auflehnte. Nachdem die Kämpfe abermals entbrannt waren, wurden die Filippeschi im August 1313 vertrieben. Es entstanden die Parteien der Beffati und Malcorini, in die sich die Monaldeschi geteilt hatten. Im Jahre 1334 fand Orvieto in Ermanno Monaldeschi della Cervara seinen ersten Herrn, der bis zu seinem Tode 1337 herrschte. 1354 nahm der Kardinal Albornoz Orvieto ein und un-

terwarf die Stadt dem Kirchenstaat.
Orvieto behielt jedoch das Statut als freie Gemeinde bei und wurde nicht dem kirchlichen Patrimonium einverleibt. In den darauffolgenden Jahrhunderten konnte sich Orvieto auch weiter seine Unabhängigkeit bewahren und wurde dann bis 1798 Hauptort der fünften Provinz des Kirchenstaates.

Nach dem kurzen napoleonischen Zwischenspiel kam Orvieto zu Viterbo, erhielt 1831 erneut seine Unabhängigkeit zurück und kam 1860 zum italienischen Staat.

Durch seine einzigartige Lage war Orvieto stets eine natürliche Festung und wurde deshalb nie mit Verteidigungsmauern umgeben. Zahlreiche etruskische und römische Baudenkmäler sind in Orvieto archäologische Zeugen. Aus dem Mittelalter wiederum stammen verschiedene Kirchen, Paläste und Häuser im romanischen Stil. Um die Mitte des 13. Jahrhunderts kam der gotische Stil auf, der sich anfangs noch stark am romanischen orientierte. In dieser Zeit wurde auch in Orvieto Maestro Angelo geboren, der später den Palazzo Pubblico in Città di Castello und in Gubbio den Palazzo dei Consoli erbaute.

Die Malerei erfuhr im 13. Jahrhundert bereits einen ersten Aufschwung mit den Fresken in San Giovenale und in der Abtei der heiligen Severo und Martirio. Im 14. Jahrhundert herrschte in Orvieto sienesische Malerei mit den Werken des Simone Martini und Filippo Lippi vor. Beeinflußt wurden durch sie einheimische Maler wie Ugolino di Prete Ilario, Giovanni di Buccio Leonardelli und Pietro di Puccio.

Die Renaissance war in Orvieto mit Antonio Fedrighi vertreten, wenn auch mit einiger Verspätung. Im 16. und 17. Jahrhundert wurden in Orvieto bedeutende Künstler, unter anderem der Bildhauer und Baumeister Ippolito Scalza, dessen Sohn Francesco und Ascanio Vittozzi geboren.

Heute ist Orvieto wegen seiner Kunstschätze, seines Kuntshandwerkes und nicht zuletzt wegen seines vorzüglichen Weins und der bekannten Weinkellereien einer der attraktivsten Anziehungspunkte Mittelitaliens. Hier findet der Besucher gute Hotels, charakteristische Restaurants und originelle ländliche Trattorien vor.

BEGEGNUNG MIT ORVIETO

Wie eine Insel ragt der Felsen aus Tuffstein, auf dem sich Orvieto erhebt, aus der Ebene des Paglia-Flusses empor. Die Stadt dehnt sich hauptsächlich im Mittelteil des Tuffblockes aus; aus Sicherheitsgründen war es verboten, Bauwerke am Rand des steilabfallenden Massivs zu errichten. Ausgenommen von diesem Verbot waren einige Klöster, mit denen man bewußt freie Stätten des Gebetes und der Besinnung hervorheben wollte. Orvieto hat meist gewundene, schmale Gassen mit unregelmäßigen Bauwerken, die in jedem Winkel einen überraschenden und pittoresken Anblick bieten. So zeigt sich Orvieto, wenn man an einem nebeligen Herbstmorgen auf der Strada Umbro-Casentinese der Stadt entgegenfährt. Orvieto sieht dann wie ein gigantisches Schiff aus, das auf schäumenden Wogen zu schwimmen scheint. Der hoch aufragende Fels, die Türme und der Dom ragen wie eine Vision von seltener Schönheit aus dem Nebel hervor. Kürzlich wurde die hochmoderne Drahtseilbahn eingeweiht, die zwischen dem Bahnhofsvorplatz von Orvieto und dem Stadtzentrum verkehrt. Diese Anlage ist 580 m lang und überwindet einen Höhenunterschied von 157 m; in drei Minuten durchfährt sie dieselbe Strecke, die am Ende des letzten Jahrhunderts gebaut wurde, und auf der früher Wasserkraft zum Antrieb nötig war. Auf ihrem letzten Teilstück durchquert die Bahn einen Tunnel, der unter der Stadtfestung hindurchführt, und erreicht dann den Piazzale Cahen in der Peripherie der Stadt. Hier hat man von der Drahtseilbahn aus immer direkten Anschluß an den Kleinbus, der zum Domplatz fährt.

Auch von der Piazza Cahen kann man einen Stadtrundgang beginnen; die Ankunftshalle der Drahtseilbahn liegt zwischen der Festung Albornoz und dem San Patrizio-Brunnen (Pozzo di San Patrizio), der zweiten großen Sehenswürdigkeit in Orvieto, ganz in der Nähe von der charakteristischen Porta Postierla der Stadt-Festung und von den Überresten des Belvedere von Beginn des 5. vorchristlichen Jahrhunderts.

DIE STADT

Ungefähr im Mittelpunkt von Orvieto liegt gegen Westen zu die Piazza del Comune, die heutige Piazza della Repubblica. Historiker, die sich mit der Stadtgeschichte von Orvieto befassen, sind sich darüber einig, daß an dieser Stelle ein etruskisches und später römisches Forum lag, das von einem Decumanus (Straße, die von Osten nach Westen führt) durchquert wurde. An dieser einstigen, unregelmäßigen Linie liegen heute der Corso Cavour, die Piazza della Repubblica und die Via della Cava.

An der Südseite des Platzes erhebt sich der Palazzo Comunale (Rathaus), der auf noch bestehenden baulichen Überresten errichtet ist, von denen noch im zweiten Stockwerk schmale gotische Arkaden zu sehen sind, die das Dach stützen. Der aus Orvieto stammende Baumeister Ippolito Scalza erneuerte den Bau 1573 nach eigenen Entwürfen, konnte ihn jedoch nicht vollenden, da er 1581 starb.

An der Westseite der Fassade fehlen vier Bogen. Der von zwei Doppelsäulen gestützte Bogen sollte ursprünglich im Mittelpunkt der zehn Arkaden den Haupteingang zum Palazzo Comunale bilden. Heute befindet sich dieser Bogen an der vierten Arkade rechts an der Via Garibaldi. An der Ostseite dieses malerischen Platzes erhebt sich die Kirche S. Andrea mit dem zinnengekrönten zwölfeckigen Campanile und dem bei Restaurierungsarbeiten 1930 wieder geöffneten Portikus.

Links von der Kirche des heiligen Andreas beginnt der Corso Cavour, der von der Piazza della Repubblica den Südteil von Orvieto bis zum Piazzale Cahen durchquert. Zahlreiche historische Paläste schmücken diesen Corso, von denen der "Palazzo dei Sette" (Palast der Sieben) besonders eindrucksvoll ist.

Ursprünglich gehörte er der Familie Della Terza, später ging er in den

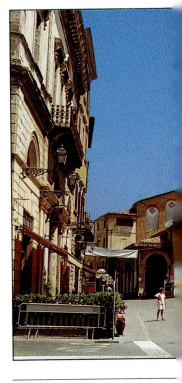

Oben: *Piazza della Repubblica.*
Unten rechts: *Palazzo Comunale.*

Besitz der Gemeinde über, danach an die Familie Caetani, und schließlich an den Heiligen Stuhl. 1516 gab ihn Papst Leo X. der Gemeinde als Geschenk zurück, mit der Auflage, in ihm den Sitz für den Statthalter und die Apostolischen Delegaten einzurichten.

Links von "Palazzo dei Sette" erhebt sich der Mohrenturm (Torre del Moro). Er wurde bereits Ende des 17. Jahrhunderts von den Grafen Della Terza "Torre del Papa" genannt, da er zum Päpstlichen Palast gehörte.

Später bekam er den Namen "Torre del Moro" oder auch "del Saracino", nach dem Kopf eines Sarazenen, der hier angebracht war.

Dieser war Zielscheibe bei den mittelalterlichen Reiterspielen, den

Das Mancinelli-Theater.

sogenannten "Quintana", bei denen die Reiter mit ihren Lanzen den Kopf des Mohren treffen mußten.

Das Spiel lebt auch heute noch in verschiedenen Städten der Toskana und Umbriens weiter.

Der Turm selbst ist 42 m hoch. An der Glocke, welche die Stunden schlägt, sind die Wappen der 24 Zünfte zu sehen, die mit Spenden zum Glockenguß im Jahre 1316 beigetragen haben.

Auf der rechten Seite des Corso Cavour steht auch das Teatro Comunale (Stadttheater), das dem aus Orvieto stammenden Musiker L. Mancinelli gewidmet ist.

Dieses von Giovanni Santini aus Perugia entworfene Gebäude wurde 1844 an der Stelle des ehemaligen Palazzo Orienti errichtet.

Die Bauarbeiten wurden jedoch unterbrochen und erst elf Jahre später nach neuen Entwürfen von Virginio Vespignani zu Ende geführt.

Der elegante Theatersaal hat vier Ränge und eine Hauptloge. Den Vorhang malte der aus Orvieto stammende Cesare Fracassini.

Dargestellt ist eine wichtige Episode aus der Geschichte Orvietos im Jahre 535: «Belisar befreit Orvieto von den Goten». Im Ballsaal sind Malereien mit den «Vier Jahreszeiten» zu sehen.

Nach mehr als zehnjährigen Umbauarbeiten wurde im Dezember 1993 das vollkommen erneuerte das Mancinelli-Theater festlich wiedereröffnet.

PIAZZA DEL POPOLO

Der größte Platz in Orvieto ist die Piazza del Popolo.

Beherrscht wird sie vom großartigen Palazzo del Capitano del Popolo.

Dieser Palast ist aus Tuff erbaut, der im Laufe der Jahrhunderte einen warmen Goldton angenommen hat. Er wurde um das Jahr 1157 zur Zeit Hadrians VI. im romanisch-gotisch-orvietanischen Stil errichtet und steht isoliert zwischen zwei Plätzen. Im Erdgeschoß hat er eine offene Loggia, im 1. Stock einen großen Saal. Später hat die Kirche der Stadt erlaubt, ihm dem Capitano del Popolo (Stadthauptmann) als Amtssitz zu überlassen.

Um ihn an der Ostseite über der großen Freitreppe bewohnbar zu machen, wurde ein kleiner Saal, die sogenannte "Caminata", angebaut.

An seiner Fassade kehrt das Motiv des dreibogigen Fensters des großen Saales wieder. 1280 wurde an der Ostseite des Palastes ein Glockenturm hinzugefügt, während der Saal im Westen sein heutiges Aussehen erhielt.

Später wurden die Arkaden im Erdgeschoß geschlossen und die beiden Spitzbögen geöffnet. Man nannte sie "Arco della Pesa". In neuerer Zeit restaurierten die Architekten Paolo und Carlo Zampi den Palast und gaben ihm seine ursprüngliche Form zurück.

Der Palazzo del Capitano del Popolo (Palast des Stadthauptmanns) wurde völlig umgebaut und dient heute mit seinem interessanten "Saal der Vierhundert" für Kongresse und internationale Treffen. Restaurierungsarbeiten haben deutlich den Wert des Gebäudes gesteigert, seine historischen Ursprünge sind nun klar erkennbar. Seine In-

Der Mohrenturm.

nenausstattung entspricht modernsten Kongreß-Ansprüchen.

Besonders schön sind die dreibogigen Fenster und die verschiedenen Ausschmückungen, die den Palast verschönern. Für die Dekoration der Fenster und der Wand wurden geschmackvolle Rahmen verwendet.

Von den Fenstern des Palastes aus blickt man übrigens am Morgen auf den pittoresken Markt, der jeweils am Donnerstag und Samstag hier stattfindet.

Von diesem Palast aus blickt man zum **Palazzo Bracci**, der nach einem Entwurf von Virginio Vespignani erbaut wurde.

Heute ist er ein Hotel. Dem Palazzo del Capitano gegenüber steht die romanische **Kirche S. Rocco** mit Fresken aus der Schule des Signorelli und des Cristoforo da Marsciano (1527).

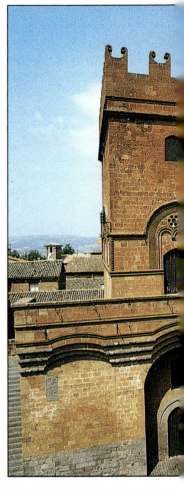

Palast des Stadthauptmanns.
Unten: Die dreibogigen Fenster von Palast.
Unten rechts: Kirche San Rocco - innenraums.

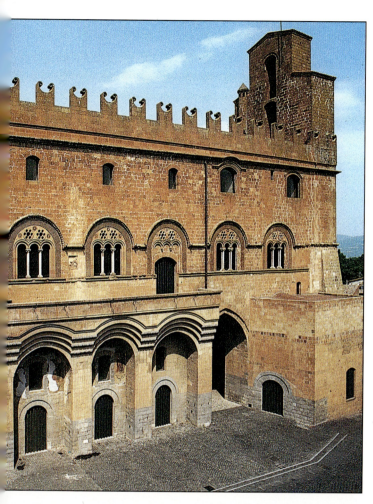

DER DOM

Um das Jahr 1263/64 machte sich ein böhmischer Priester, ein gewisser Peter aus Prag, auf eine Pilgerfahrt nach Rom auf. Er glaubte nicht so recht an die Verwandlung von Fleisch und Blut Christi in Brot und Wein und wollte deshalb am Grabe des hl. Petrus eine Festigung seines Glaubens erflehen.

Auf der Rückreise machte er in Bolsena halt, wo er in der Krypta der Kirche der hl. Cristina die Messe feierte.

Bei der Wandlung tropfte auf einmal Blut aus der Hostie und durchtränkte das Korporale. Papst Urban IV., der sich in Orvieto aufhielt, war von diesem Wunder so betroffen, daß er das Korporale nach Orvieto bringen ließ.

Darauf setzte er das Fronleichnamsfest (Corpus Domini) ein. Klerus und Volk waren sich einig, dieser kostbaren Reliquie einen würdigen Platz zu geben. Die Wahl fiel auf die Stelle, an der sich einst die der hl. Maria Prisca und dem hl. Costanzo geweihte Kirche befand.

Am 13. November 1290 segnete Papst Nikolaus IV. den Grundstein zum neuen Bau (dort, wo heute der 4. Pilaster der Fassade mit dem Inferno aufragt). Die Bauarbeiten am Dom zogen sich über drei Jahrhunderte hin.

Der erste Baumeister war wahrscheinlich Arnolfo di Cambio, dem auch der Entwurf für die einspitzige Fassade zugeschrieben wird, der heute im Museo dell'Opera del Duomo (Dombaumuseum) aufbewahrt wird.

Verschiedentlich wird auch Fra Bevignate aus Perugia als erster Baumeister bezeichnet; er baute die drei Schiffe des Doms.

Die Arbeiten wurden von dem einheimischen Baumeister Giovanni Uguccione weitergeführt, der im Kreuzgewölbe und in der Apsis den gotischen Stil wieder aufnahm. Da man Zweifel an der Festigkeit der baulichen Struktur des Domes hatte, holte man das Gutachten eines Sachverständigen ein.

Die Wahl fiel auf den Bildhauer und Baumeister Lorenzo Maitani aus Siena. Dieser erbaute nach eigenen Entwürfen Strebepfeiler für die gefährdeten Querschiffe.

Zudem begeisterte er die Bürger von Orvieto mit seinem farbigen Entwurf für eine dreispitzige Domfassade.

Gleichzeitig mit dem Bau der Fassade setzte er auch die Dachkonstruktion fort. Noch bevor Maitani starb, konnte er der Domfassade und dem Kircheninnern das Gepräge geben, vor allem mit der Konstruktion der Apsis über den Flügeln der östlichen Strebepfeiler, einem ausgewogenen Meisterwerk, das mit der gotischen Umgestaltung des Presbyteriums um so deutlicher hervortritt. Der Bau der Apsis wurde nach dem Tode des Maitani (Juni 1330 in Orvieto) abgeschlossen.

Der Dom - Der Fassade.

14

DIE BASRELIEFS

Die Fassade besteht aus vier mehreckigen Türmen, zwei höhere in der Mitte, die beiden niedrigeren an den Seiten. Sie gliedern die Fassade in drei Teile, die den drei Kirchenschiffen im Dominnern entsprechen.

Die vier Pfeilersockel sind mit Marmor verkleidet, auf denen sehr schöne Basreliefs zu sehen sind. Wer die Schöpfer dieser Meisterwerke waren, darüber ist man sich heute noch nicht ganz im klaren.

Verschiedentlich wird angenommen, daß die Basreliefs an den beiden mittleren Pfeilern die ältesten sind, die schönsten jedoch werden dem Maitani selbst zugeschrieben. Auf ihnen ist die Erschaffung des Menschen, das Geheimnis der Erlösung und seine Endbestimmung dargestellt. Diese Basreliefs nehmen eine Fläche von 112 qm ein.

Auf einem fein ausgearbeiteten Fries, der längs der Fassade verläuft, springen Konsolen mit den Symbolen der vier Evangelisten hervor: Der E*ngel* für den hl. Matthäus, der *Löwe* für den hl. Markus, der A*dler* für den hl. Johannes, und der *geflügelte Stier* für den hl. Lukas. Dieses Werk, das um das Jahr 1329 entstanden sein dürfte, wird dem Maitani zugeschrieben.

Der Dom - Ausschnitt.

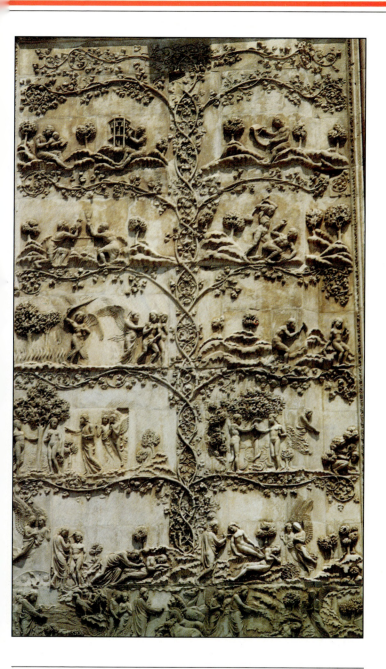

Erster Pfeiler: *Episoden aus dem Alten Testament und die Erschaffung der Welt: Auf ihm sind Episoden aus der Schöpfungsgeschichte dargestellt, wie es in der Genesis geschrieben steht, die Erschaffung der Welt, des Menschen und der Tiere, die Tötung Abels und die Arbeit der ersten Menschen. Ein Efeustamm rankt sich in der Mitte empor und umschließt auf sechs übereinanderliegenden Bildfeldern die Darstellungen.*

Zweiter pfeiler: Episoden aus dem Alten Testament. Die Prophezeiung des Messias. In der Mitte unten ist der schlafende Abraham dargestellt. Ein emporragender Akanthus umschließt in Kreisen Darstellungen Davids, Salomons, Roboans, Abias, Asas, Josaphants, der Muttergottes und des Erlösers.

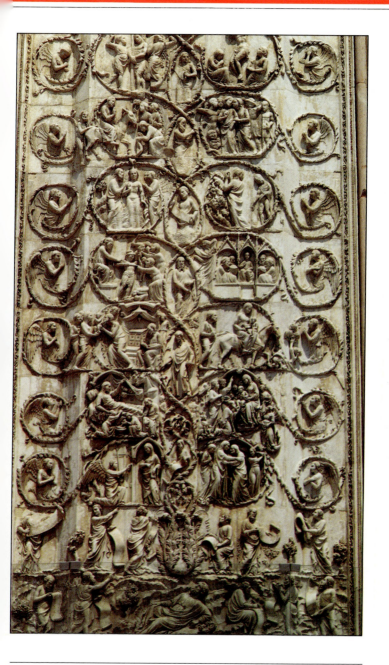

Dritter pfeiler: *Episoden aus dem Neuen Testament. Die in zehn Bildfeldern geschilderten Episoden sind auch hier durch Akanthusranken unterteilt. Dargestellt sind der schlafende Abraham, anbetende Engel, die Verkündigung und die Geburt Christi, die Darstellung im Tempel, die Flucht nach Ägypten, der Kindermord, die Kreuzigung und das "Noli me Tangere".*

Vierter pfeiler: Das Jüngste Gericht. Auf fünf übereinander liegenden Bildfeldern sind die Auferstehung des Fleisches, das Jüngste Gericht, das Paradies und die Hölle dargestellt. Auch hier unterteilen Zweige die einzelnen Geschichten. Sehr schön sind die Figuren des 4. und 5. Bildfeldes mit der Trennung der Auserwählten von den Verdammten, der Auferstehung der Toten und die Höllenfahrt der Verdammten.

DIE DOMFASSADE UND DIE ROSETTE

Unter der Leitung des zum Dombaumeister ernannten Lorenzo Maitani begannen um 1300 die Arbeiten an der Fassade des Domes zu Orvieto. Er ersetzte den einspitzigen Fassadenentwurf, der dem aus Orvieto stammenden Arnolfo di Cambio zugeschrieben wird, durch eine dreispitzige Fassade.

Die durch eine Säulenreihe zweigeteilte Fassade ist ein typisches Beispiel gotischer Baukunst.

Die Mosaiken wurden im Lauf der Jahrhunderte mehrfach umgestaltet und z. T. erneuert. Zu den ältesten gehört wohl die "Taufe Christi", die nach einem Entwurf des Cesare Nebbia aus Orvieto von Rossetti und Francesco Scalza ausgeführt wurde.

Die ursprüngliche Darstellung der "Auferstehung" im mittleren oberen Giebelfeld (Entwurf C. Nebbia) wurde 1713 durch eine Krönungsszene nach einem Gemälde von Laffranco ersetzt. 1842 führten römische Mosaikkünstler (darunter Cocchi und Castellini) ein anderes, das jetzige, aus. Der Entwurf dazu stammte von dem Sieneser Giovanni Bruno.

Die Rosette, die im Mittelpunkt der Fassade über dem Mosaik mit der Krönung der Jungfrau eingefügt ist, unterstreicht die gesamte bauliche Harmonie.

Sie stammt von dem Florentiner Andrea di Cione, auch Orcagna genannt.

Vom Haupt der Erlösers im Mittelpunkt der Rosette verlaufen kleine Säulen strahlenförmig zu einer dekorativen Umrahmung von auserlesener Schönheit. Dieses Kunstwerk wurde 1354 begonnen und 1380 vollendet. Die Standbilder, welche die Rosette an drei Seiten umgeben, sind von geringem künstlerischen Wert. Sie werden zum Teil dem Bildhauer Nicola di Nuto zugeschrieben.

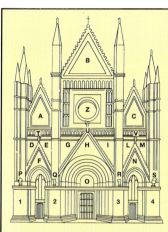

L–M) Der hl. Joachim und die hl. Anna *von Jacopo da Bologna und Gabriele Mercanti, 1713 und 1786 restauriert.*

N) Mariä Geburt, *ein Werk von Fra' Giovanni Leonardelli, 1364-65.*

O) Die Muttergottes mit dem Kind. *Ein Marmorstandbild, das man Andrea Pisano zuschreibt, etwa 1347.*

Über den Pilastern die Symbole der vier Evangelisten

P) Der Engel, *Sinnbild des hl. Matthäus;*

Q) Der Loewe, *Symbol des hl. Markus;*

R) Der Adler, *Symbol des hl. Johannes;*

S) Der Stier, *der den hl. Lukas versinnbildlicht. Diese Statuen aus Bronze wurden von Lorenzo Maitani (1329-30) geschaffen.*

Auf den Spitzen der drei unteren Giebel:

T) St. Michael, *eine Bronzestatue von Matteo Ugolino da Bologna (1356).*

U) Agnus Dei, *wiederum ein Werk in Bronze von demselben Meister.*

V) Die Engel, *ein Marmorstandbild von einem unbekannten Meister.*

Auf den oberen Giebeln, Marmorstandbilder von Heiligen, von verschiedenen unbekannten Meistern des 16. und des 17. Jahrhunderts geschaffen.

Z) *In der Mitte des oberen Abschnitts der Fassade die prächtige Fensterrose von Andrea di Cione, genannt Orcagna.*

Auf den vier unteren Pfeilern der Fassade:

1.) Die Erschaffung der Welt und die Abschnitte der Genesis.

2.) Prophezeihungen der Erlösung: Folge der biblischen Szenen.

3.) Episoden aus dem Evangelium.

4.) Das Jüngste Gericht: Das Gericht, das Paradies und die Hölle.

SCHEMA DER MOSAIKEN DER FASSADE

A) Die Trauung Mariens. *1612 nach Zeichnungen von Antonio Pomarancio erneuert.*

B) Die Krönung Mariens. *1842-47 neu gestaltet anhand eines Freskos von Sano di Pietro, das im «Palazzo Pubblico» von Siena verwahrt wird.*

C) Die Vorstellung Mariens. *Dieses Werk wurde 1760-63 nach Zeichnungen ausgeführt, die man Giovanni Pomarancio zuschreibt.*

D–E) Der Erzengel Gabriel und die Verkündigung *von Jacopo Pieruzzi, 1649.*

F) Die Taufe Jesu *nach einer Zeichnung von Cesare Nebbia, 1584.*

G–H–I) Mariä Himmelfahrt und die Apostel *von Fra' Giovanni di Buccio Leonardelli, 1366.*

DAS HAUPTPORTAL UND DIE BRONZETÜREN VON EMILIO GRECO

Der Gesamteindruck des gewaltigen Hauptportals wird von gewundenen Säulen stark unterstrichen und ist ein würdiger Rahmen für die von Greco geschaffenen sechs Paneele des Bronzetors. Diese Säulen schließen sich über einem horizontal verlaufenden Gesims zu einem Rund. Darüber verläuft ein zweites, kleineres Gesims und läßt dabei das Halbrund für eine Lünette offen. Umrahmt von Alabasterstein halten sechs Engel die Verhänge eines Bronzebaldachins offen, ein Werk des Maitani. Unter dem Baldachin steht eine 1347 von Andrea Pisano geschaffene Marmorgruppe der "Maestà", eine Madonna mit Kind. Die modernen Bronzetore des sizilianischen Bildhauers Emilio Greco haben sich harmonisch in die Fassade eingefügt und die früheren drei Holztore des Domes ersetzt. Auch die beiden kleineren Seitenportale mit den darüberliegenden Spitzgiebeln fügen sich harmonisch in den Fassadenkomplex ein. Die drei neuen Bronzetüren wurden am 11. August 1970 in die Angeln gehoben. Auf der mittleren, in sechs Paneele unterteilten Türe sind die sieben Werke der Barmherzigkeit dargestellt; auf der linken Seite von oben nach unten: «Die Durstigen tränken und die Hungrigen laben», "Die Nackten bekleiden", "Die Obdachlosen beherbergen". Auf der rechten Seite von oben nach unten: "Die Toten begraben", "Die Gefangenen trösten", und "Die Kranken besuchen". An den Seitentüren sind je zwei schön ausgeführte Engel als Türgriffe angebracht.

Das Hauptportal des Domes und die neuen Bronzenen Türen.

Madonna mit Kind (Andrea Pisano 1347).
Das Hauptportal.

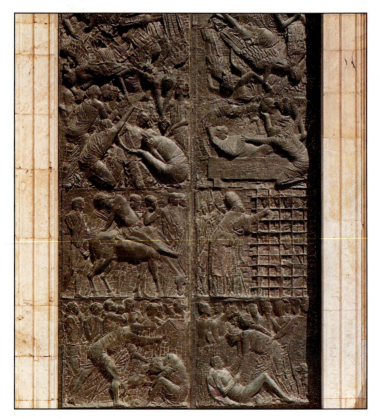

Silber ausgeführte und in einem Goldrahmen gefaßte Reliquiar ist 1, 38 m hoch und 0, 60 m breit.
In ihm wird das wundertätige Linnen (Korporale) aufbewahrt. Die Vorderseite des kostbaren Reliquienschreins, auf der die architektonischen Elemente der Domfassade wieder aufgenommen sind, zeigt fein ausgeführte Emaillearbeiten mit den Darstellungen des *Wunders von Bolsena* und aus dem *Leben Christi*.

Das geöffnete Reliquiar mit dem heiligen Linnen.

DIE NEUE KAPELLE, AUCH KAPELLE DER MADONNA DES HL. BRITIUS GENANNT

Im Jahre 1397 beschloß das Dombaukapitel die Errichtung der "Cappella Nuova", die später auch "Cappella di S. Brizio" genannt wurde, nachdem das kostbare Marienbild des hl. Britius hierher gebracht worden war.

Nach langen Verhandlungen mit verschiedenen bedeutenden Künstlern der damaligen Zeit - unter ihnen auch Perugino - wurde schließlich Luca Signorelli mit der Ausschmückung dieser Kapelle beauftragt. Dafür verlangte er 575 Golddukaten; einen Teil dieses Betrages erhielt er als Naturalien in Form von Getreide und Wein und freie Unterkunft.

Am 5. April 1499 begann Signorelli mit den Fresken in der "Cappella di S. Brizio".

Als erstes vollendete er die beiden, fünfzig Jahre früher von Angelico und Benozzo Gozzoli ausgeführten Fresken im Gewölbe.

Signorelli berücksichtigte dabei Themen und Farbton seiner Vorgänger und gab der Malerei sein persönliches Gepräge, ohne dabei etwas zu zerstören.

Etwa zwei Jahre arbeitete er mit Eifer und Hingabe an diesem Werk und stellte dar: "Die Taten des Antichrist", "Das Jüngste Gericht", "Die Auferstehung des Fleisches", "Die Verdammten", "Die Seligen" und "Die Ankunft der Auserwählten im Paradies".

Auf dem Sockel sind in Freskomalerei Philosophen und Dichter der Antike dargestellt.

Das bereits von Beginn an für die Ausschmückung festgelegte Thema (wahrscheinlich wurde es von Orvietaner Theologen vorgeschlagen), war das "Jüngste Gericht", ein Thema, das in der Malerei des 14. Jahrhunderts oft wiederkehrte.

Signorelli stellte das Jüngste Gericht in einer Reihe voneinander unabhängiger Szenen dar und fügte diesen die "Taten des Antichrist", "Die Prophezeiungen" und den "Weltuntergang" hinzu.

DIE TATEN DES ANTICHRIST

An der linken Seite der Cappella di San Brizio hat Signorelli die *Taten des Antichrist* mit großem Einfühlungsvermögen szenisch dargestellt. Die Schilderung ist sehr lebhaft, die Raumaufteilung überaus natürlich.

Im Mittelpunkt des Freskos steht der Antichrist auf einem Podest über der Menge und predigt zu ihr.

Ein Teufel gibt ihm die Worte ein. An der linken Seite im Vordergrund werden einige Christen von den Anhängern des Antichrist getötet.

Links oben hingegen ist der Untergang des Antichrist dargestellt. Der Tempel rechts oben dürfte – wie angenommen wird – das Symbol für Jerusalem sein.

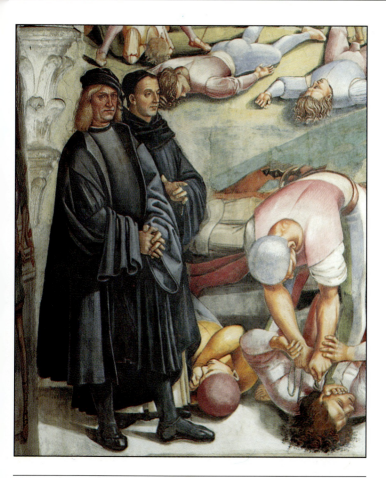

Die Taten des Antichrist (Ausschnitt).
Selbstbildnis des Luca Signorelli (links) zusammen mit Fra' Angelico. Die Fresken der Cappella Nuova, oder S. Brizio, stellen das Hauptwerk des Meisters aus Cortona dar.

DIE HÖLLE

Bevor Signorelli mit der Darstellung der Hölle begann, hat er gewiß die Basreliefs am vierten Pfeiler der Fassade eingehend studiert.

Dieses Fresko ist nicht, wie beim "Antichrist", in einzelne Szenen aufgeteilt, sondern schildert in einem einzigen Bildkomplex die Verzeiflung der Verdammten.

Die Teufel stürzen sich auf die entsetzte Menge, die nun einsieht, daß sie der Strafe nicht entrinnen kann.

In einem verzweifelten Kampf versuchen die Verdammten vergeblich ihren Peinigern zu entrinnen.

In der Mitte oben trägt ein Teufel eine junge Frau auf seinem Rücken, andere wieder stürzen zwei Verdammte auf die Menge.

Drei Engel (im Bild rechts oben) zücken ihre Schwerter gegen Teufel und Verdammte.

37

DIE VERDAMMTEN IN DER HÖLLE (Ausschnitt) – Die dramatische bildliche Aussagekraft des Signorelli steht hier der dichterischen Aussagekraft in Dantes Inferno nicht nach. Dieses Fresko zählt zu den eindrucksvollsten der Kapelle. In der Mitte: die Dirne der Apokalypse. Ein Teufel trägt sie zur Hölle. Eine alte Überlieferung erzählt, Signorelli habe diese Frau sehr geliebt, sie aber in die Hölle verdammt, weil sie ihm untreu geworden war.

DIE KRÖNUNG DER SELIGEN

Die fast zart anmutende Schönheit der Szene, die harmonische Eleganz der Leiber, die Signorelli bewußt so dargestellt hat, der sanfte Ausdruck auf den Gesichtern der Auserwählten in freudiger Erwartung lassen den feierlichen Augenblick wie auf einer Momentaufnahme sichtbar werden.

Auf den Gesichtern kommt die verzückte Freude über die Erwählung zum Ausdruck. Bewußt kontrastiert die Gruppe der Auserwählten mit der sich darüber befindenden Engelsgruppe, die natürlicher und menschlicher dargestellt ist.

Eine gewisse Monotonie hat Signorelli hier bewußt beabsichtigt.

Durch diesen nur zart angedeuteten Kontrast wirkt das Fresko äußerst plastisch und eindrucksvoll.

DIE BERUFUNG DER AUSERWÄHLTEN UND DIE VORHÖLLE

Es ist die Einführung oder das Vorspiel zu den Szenen von Dantes Vorhölle und die Berufung der Auserwählten in den Himmel.

In der Darstellung der Verdammten wird am Fuße zweier, am Acheron liegender Berge, eine Gruppe Verdammter von einem Teufel mit einem weißen Banner weggeführt.

Andere Verdammte blicken verzweifelt auf die ankommende Fähre des Charon. Rechts unten straft der strenge Richter Minos einen Ruchlosen.

Von oben blicken zwei Engel, der eine in Rüstung, der andere mit einem Gewand bekleidet, auf das Geschehen.

Auf der gegenüberliegenden linken Seite weisen neun Engel den Auserwählten den Weg in den Himmel.

DIE FRESKEN IN DEN GEWÖLBEN

Die von Fra Angelico 1447 unvollendet gelassene Ausführung der Fresken wurde 52 Jahre später von Signorelli vollendet.

Fra Angelico hatte nur zwei Kreuzgewölbe freskiert, und zwar den *"Chor der Propheten"* und *"Christus als Richter"*.

Signorelli vollendete dieses Werk mit den *"Engeln und den Symbolen der Leidensgeschichte"*, den *Aposteln*, den *Kirchenlehrern*, den *Meistern*, den *Jungfrauen* und den *Propheten*.

Die Berufung der Erwählten in den Himmel - Ausschnitt.

Die Berufung der Erwählten in den Himmel. Zwei Engel im Mittelpunkt streuen Rosen auf die Auserwählten. Neun liebliche, musizierende Engel auf Wolken rufen die Erwählten. Die fein ausgeführte Darstellung der nackten Körper und die verschiedenen Farbschattierungen geben diesem Fresko eine zart anmutende Harmonie.

DIE AUFERSTEHUNG DES FLEISCHES

Auf der dem *Antichrist* gegenüberliegenden Wand hat Signorelli die *"Auferstehung des Fleisches"* dargestellt. Auch hier nimmt er, wenngleich auch mit kaum merkbarer Abänderung, die poetisch lichte Atmospäre der Krönung der Auserwählten wieder auf. In dieser Szene ist Signorelli absichtlich von der bisherigen traditionellen Darstellung dieses Themas abgewichen. Anstelle der Gräber, die sich auf bisherigen Darstellungen unter dem Druck der zum Leben wiedererwachten Körper öffnen, beschränkt er sich darauf, die nackten Leiber ohne jedwedes weitere figurative Element in einer neutralen Umgebung darzustellen; wahrscheinlich wollte er dem Fresko damit eine größere Wirkung geben. In die mit Mühe aus der Erde steigenden Leiber kehrt langsam Leben zurück. Unbeholfen machen sie die ersten Schritte, einige versuchen sich zu umarmen, andere wiederum richten Blick und Hände zum Himmel. In neuer jugendlicher Kraft und Schönheit sind sie wiedererstanden und auf ihren Gesichtern ist deutlich die Freude über das wiedergewonnene Daseinsglück zu erkennen. Vor einem prächtigen goldenen Hintergrund stehen zwei Engel fest und sicher auf Wolkenbänken und blasen kräftig in lange Trompeten. An dieser Stelle des Freskos kam bei 1940 durchgeführten Restaurierungsarbeiten ein Entwurf Signorellis zu acht nackten Gestalten für dieses Werk zutage.

Die Auferstehung des Fleisches **(Ausschnitt).**

DER WELTUNTERGANG

Diese Darstellung nimmt den ganzen Bogen um den Eingang zur Cappella Nuova ein. Die schmale, halbkreisförmige Fläche hinderte Signorelli nicht daran, seine Kunst und schöpferische Inspiration auszudrücken.

Der Bildaufbau, der nichts Ornamentales hat, ist mit äußerster Logik und voller Beachtung der zur Verfügung stehenden Fläche und des darzustellenden Themenkreises angelegt.

Die Gestalten links und rechts unten werden gegen den Hintergrund nach oben zu immer kleiner, um so dem Fresko eine Perspektive zu geben. Auf der Darstellung (rechts) sehen wir die Ankündigung des Weltuntergangs mit der Sibylle und David, zusammen mit Enoch und Elias, auf die sich verfinsternden Gestirne zeigend.

Feuer fällt von der Sonne herab. Aus den Trümmern eines durch Erdbeben zerstörten Tempels flieht ein Menschenpaar, das bei Greisen Zuflucht sucht.

Weiter oben werden drei Jünglinge entkleidet und gefoltert.

Trümmer einer verwüsteten Stadt und Schiffswracks werden durch ein Seebeben ans Ufer geschleudert.

Flucht der Männer und Frauen vor dem Weltuntergang. Im Vordergund werden Soldaten in ihren bunten Kettenpanzern - einige liegen am Boden - von der Sintflut überrascht.

Die elegante Gestalt des David ist im Mittelpunkt der Szene angeordnet zwischen der den Weltuntergang vorhersagenden Sibylle und den Propheten.

WANDDEKORATIONEN IN DER UNTEREN REIHE

Unter diese Fresken der Kapelle hat Signorelli – wahrscheinlich, um sie näher zu erklären – viereckig gemalte Fenster mit berühmten Dichtern und Szenen aus ihren Werken eingefügt.

Die Reihe beginnt unter dem Fresko des Antichrist mit Homer und drei Szenen aus seiner Ilias. Unter dem Weltuntergang betrachtet Empedokles erstaunt die Erfüllung seiner Prophezeiung. Unter der Auferstehung des Fleisches ist Lukan mit zwei Szenen aus seiner Pharsalia – dem *Blutbad der Pompejaner* und der *Ermordung des Pompejus* – vertreten.

Die Gestalt des Horaz ist von vier Medaillons umgeben, auf denen Szenen aus dem Hades dargesetellt sind.

Der auf dem nächsten Medaillon abgebildete Ovid scheint sich an einen unsichtbaren Gesprächspartner zu wenden; die vier Szenen stellen Episoden aus seinen Metamorphosen dar.

Vergil ist über die darüberliegende Darstellung der Verdammten bestürzt. Dante, von dem einige Szenen aus den ersten beiden Gesängen des Fegefeuers handeln, ist in seine Arbeit vertieft. Zwei weitere Medaillons stellen das *Martyrium des hl. Faustinus* und die Tötung des hl. *Pietro Parenzo* durch Ketzer aus Orvieto (1199) dar.

PALAZZO SOLIANO, FRÜHER PALAZZO DEI PAPI (PAPSTPALAST) - MUSEUM DER DOMBAUHÜTTE

Rechts vom Dom steht der Palazzo dei Papi, auch Palazzo Soliano genannt.

Der gotische Bau wurde wahrscheinlich von Urban IV. während seines kurzen Pontifikats 1261/1264 begonnen und von Martin IV. zwischen 1281 und 1285 weitergeführt.

Mit der Verlegung des Papstsitzes nach Avignon (1309) blieb der rückwärts liegende Trakt unvollendet, wie man es heute noch sieht.

Nach dem Willen Bonifatius' VIII. (Benedetto Caetani von Anagni, Papst von 1294-1303) wurde ihm der gewaltige vorgeschobene Bau hinzugefügt, dessen oben gelegene Räume auf einer mächtigen Außentreppe über eine Terrasse zu erreichen sind.

In diesen Räumen fanden sicher Konsistorien und Konzile statt, da sich die Päpste mit ihrem Gefolge oft in Orvieto aufhielten.

1550 wurde dieser Palast von der Gemeinde Orvieto an die Dombauhütte verkauft und 1896 vom Architekten Paolo Zampi restauriert, wobei er die oberen Fenster öffnete und den Bau mit einem Zinnenkranz versah.

Heute ist das **Museum der Dombauhütte** (Museo dell'Opera del Duomo) im vorderen Flügel des Palastes untergebracht.

In der Mitte des Saales kann man Teile eines Flügelaltars des Simone Martini (1280- 1344) mit der Darstellung einer *Madonna mit Kind,* den *Heiligen Petrus und Paulus, der hl. Mag-*

Der weitlaüfige Museumssaal.

dalena und des *hl. Domenikus* sehen.
Weiters sind hier schöne Gold-
schmiedearbeiten der beiden Sieneser Künstler Ugolino di Vieri und
Viva di Landro zu sehen, darunter
auch das kostbar ausgeführte *Reliquiar mit dem Schädel des hl. Savino*
(1340).
An der Eingangswand hängen verschiedene abgenommene Fresken
aus Orvietaner Kirchen; an anderen
Wänden sind Fragmente vom Dach-
werk des Domes zu sehen, weiters
eine *Madonna mit Kind* und die beiden *Heiligen Savino* und *Juvenal*, dann
ein von Signorelli mit seinem *Selbstbildnis* feskierter Ziegel, sowie *Por-
träts von Nicola di Angelo Franchi*, Käm-
merer der Dombauhütte um 1500.
In dem Museum werden auch auf
Pergament gezeichnete Entwürfe
zur Domfassade aufbewahrt; ein

einspitziger Giebel wird von verschiedenen Experten Arnolfo di
Cambio zugeschrieben, von anderen hingegen dem Maitani.
Der Entwurf zu einem dreispitzigen
Giebel stammt eindeutig von Maitani.
Gegenüber dem Dom steht der **Palazzo dell'Opera del Duomo (Palast der Dombauhütte)**, der 1359
erbaut und 1857 vom Archietekten
Vespignani erweitert und umgebaut
wurde, wie auch später vom Architekten Paolo Zampi.
Heute ist hier die Verwaltung und
das Archiv der Dombauhütte untergebracht. Im oberen Stockwerk ist
eine sehr schöne Sammlung etruskischer, korinthischer und griechi-
scher Vasen zu sehen; weiters interessante Funde aus den etruskischen Gräbern um Orvieto.

DAS EMILIO GRECO-MUSEUM

Das Emilio Greco-Museum nimmt das Erdgeschoβ im Palazzo Soliano ein. Die weite und elegante Etage zeigt Skulpturen und Graphiken, die Emilio Greco, einer der gröβten zeitgenössischen italienischen Bildhauer, Orvieto vermachte. Dieser Stadt ist er ja künstlerisch verbunden, schuf er doch in den 60er Jahren die majestätischen Bronze-Portale am Dom. Die 32 Skulpturen, meist aus Bronze, sowie die 60 graphischen Werke, u. a. Originalzeichnungen, Lithographien und Radierungen offenbaren die wichtigsten Etappen im künstlerischen Werdegang von Greco, angefangen mit dem *"Kämpfer"*, 1947 in Bronze, und dem *"Frauenporträt"*, einer kleinen Tuschzeichnung von 1946, bis hin zu seinen letzten Werken aus den 80er Jahren, wie *"Der Jungfrau Schlaf"*, Basrelief in Bronze von 1983, sowie dem Kupferstich *"Liebesbande* 1989". Unter anderem besitzt das Museum den Original-Gipsabdruck vom Monument für Papst Johannes XXIII., dessen Bronze- Aus-

führung jetzt im Petersdom steht. Die Ausstellung, die Architekt Giulio Savio entwarf, zeigt eine Reihe von unterschiedlich hoch angebrachten Laufflächen und Podesten, welche den Raum gut aufgliedern und es dem Zuschauer ermöglichen, die Werke aus ungewohnter Perspektive zu betrachten. Bei diesem Museum machte man sich allermodernste Ausstellungskriterien zu eigen.

Man bediente sich in der Tat eines supermodernen Technologie-Systems, um Ambiente und Werke möglichst nachhaltig zu schützen. Groβer Wert wurde auch auf Spezial-Einrichtungen gelegt, um Behinderten den Besuch zu erleichtern. Ein solch multimediales Ambiente ermöglicht kulturelle und didaktische Veranstaltungen. Zudem bieten Verkaufskioske und eine Buchhandlung dem Publikum all das an, was mit den Ausstellungen und Kulturveranstaltungen des Museums in direktem Zusammenhang steht.

Das Emilio Greco-Museum - Innenraum.

46

DAS ARCHÄOLOGISCHE MUSEUM "CLAUDIO FAINA"

Der Domfassade gegenüber steht der Palazzo Faina, in dem das gleichnamige Museum untergebracht ist. Das Museum gehört der Stadt, wird jedoch von der Stiftung Faina geleitet. Ursprünglich war es eine Privatsammlung des Grafen Mauro Faina in Perugia (1864). Anschließend wurde diese Sammlung nach Orvieto gebracht und durch weitere, in dieser Gegend gemachte Funde erweitert.

Im Erdgeschoß ist eine interessante Sammlung archäologischer Funde untergebracht. Sie umfaßt Gegenstände, die im Stadtzentrum und in der etruskischen Nekropole "del Crocifisso del Tufo" ausgegraben wurden. Aus dieser Nekropole stammen auch ein interessanter *Grabstein*, eine Aschenurne, die sogenannte *Venus von Cannicella* und ein mehrfarbiger *Sarkophag*, der 1912 in der Nachbargemeinde Torre San Severo gefunden wurde. Die Funde stammen aus der Zeit vom 6. bis 2. vorchristlichen Jahrhundert.

Im oberen Stockwerk kann man Leichensteine mit etruskischen Inschriften und Aschenurnen aus der Villanova-Kultur sehen. Reichhaltig ist die Sammlung mit Bucchero-Vasen aus dem 6. bis 5. vorchristlichen Jahrhundert, Trinkgefäßen, Waffen und Rüstungen. Zahlreich sind die mit roten und schwarzen Figuren bemalten griechischen Gefäße, die auf die Jahre 560 bis 530 vor Christi zurückgehen. Außer den drei großen Amphoren aus der zweiten Hälfte des 6. vorchristlichen Jahrhunderts, die von EXEKIAS signiert sind, sieht man etruskische Gefäße mit roten Figuren, versilberte Vasen und kleine etruskische und römische Skulpturen.

Weiter sieht man unzählige andere Funde, wie z. B. drei Gefäße aus Orvieto selbst, die sich von den anderen durch Stil und Themendarstellung unterscheiden.

Das Archäologische Museum "Claudio Faina" - Innenraum.

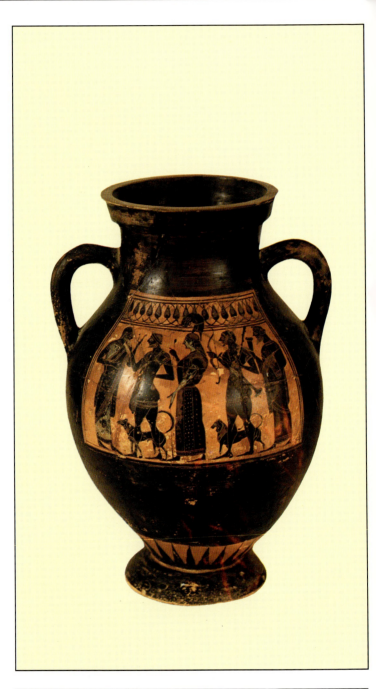

*Griechische Amphore mit schwarzen Figuren (550 vor Chr.) vielleicht aus Vulci.
Sammlung Valentini Bonaparte.*

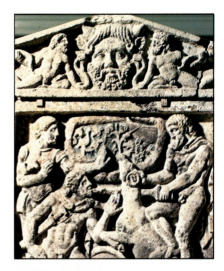

Rechte: Etruskische Kunst –
Sarkophag aus Peperin (3.
vorchristl. Jh.)
Unten: Griechische Amphore mit
schwarzen Figuren des Exekias
(540 vor Chr.) aus der Nekropole
Crocifisso del Tufo, Orvieto.

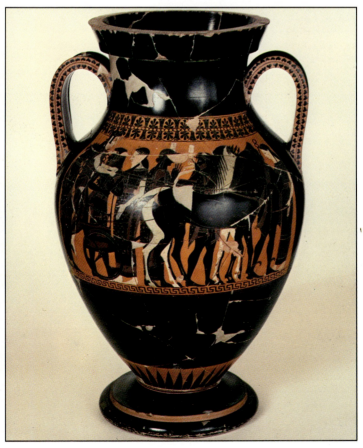

DIE NEKROPOLE DES CROCIFISSO DEL TUFO (TUFFSTEIN-KRUZIFIX)

Rings um das Felsmassiv, auf dem Orvieto sich erhebt, lag einst die etruskische "Stadt der Toten" oder Nekropole.

Unter diesen Orten antiker Begräbnisstätten, die bei Ausgrabungen gefunden wurden, kann man heute nur die des Crocifisso del Tufo (Tuffstein-Kruzifix) aus dem 8. bis 3. vorchristlichen Jahrhundert besichtigen.

Die beiden anderen 1857 von Golini entdeckten und reich ausgeschmückten Gräber der sog. "Velii" und "Bighe" in Settecamini können heute wegen Einsturzgefahr nicht mehr besichtigt werden.

Die in ihnen gemachten Funde und die schönen Fresken wurden zu Restaurierungsarbeiten in das Archäologische Museum nach Florenz gebracht.

Inzwischen sind sie nach Orvieto zurückgekehrt und sind nun in der neuen archäologischen Abteilung im Erdgeschoß des Palazzo dei Papi zu sehen, und zwar in den Grabkammern, die in ihrer natürlichen Größe nachgebaut wurden.

Nicht besichtigt werden können auch die an der Südseite des Tuffmassivs liegenden Gräber von Cannicella.

Sie wurden erst in den letzten Jahrzehnten unter herabgestürzten Steinmassen entdeckt. Die wohl interessanteste Gräberzone ist die des "Crocifisso del Tufo" auf halber Höhe an der Straße zwischen dem Bahnhof und der Stadt.

Der Weg zur Nekropole ist gut beschildert und in unmittelbarer Nähe ist ein Parkplatz, von dem

Blick auf die Nekropole.

aus ein kurzer Weg zur etruskischen Totenstadt führt.

Es sind zwei Gräberkomplexe, die einst nach einem genauen Plan angelegt wurden. Interessant sind hier die in einer Reihe ausgerichteten Grabkammern aus Tuffblöcken. Auf dem Architrav der Tür eines jeden Grabes steht der Name des darin bestatteten Toten.

Wichtige Grabausstattungen und Totengaben, die hier gefunden wurden, sind heute in Orvieto im Museum Faina gesammelt.

Von der Nekropole aus sieht man die fast am Felsenrand liegende ehemalige Kirche Sant'Agostino; weiters eine der ältesten religiösen Bauten von Orvieto, die Kirche San Giovenale, des hl. Juvenal.

DIE KIRCHEN IN ORVIETO

Nach Ansicht des Historikers Pericle Perali lag einst auf dem gewaltigen Tuff-massiv des heutigen Orvieto schon zur Etruskerzeit eine Stadt, die sich von den anderen Etruskerstädten unterschied und wahrscheinlich ein wichtiges religiöses Zentrum war. Glaubwürdig wird diese These durch zahlreiche, in unmittelbarer Nähe von Orvieto gefundene Gräber und einstige Tempelzo-nen, und weil – wie Perali behauptet – an der Stelle des heutigen Orvieto zur Zeit der Rasenna das berühmte "Fanum Voltumnae" stand, ein Heiligtum, in dem die 12 Volksstämme Etruriens ihre wichtigen religiösen und politischen Versammlungen abhielten. Wie lange dann das Orvieto-Massiv – wohl nach der Zerstörung des "Fanum Voltumnae" – verlassen war, kann nicht mit Ge-wißheit gesagt werden. Man glaubt jedoch, daß der Felsklotz im 1. Jh. vor Christus erneut besiedelt war, und daß auf den Ruinen einiger etruskischer Tempel dann römische Tempel errichtet wurden. Diese wurden später in christliche Tempel umgebaut. An der Stelle des alten etruskischen Forums stand später das römische Forum und die Basilika, heute die Piazza del Co-mune und die Kirche S. Andrea. Heute zeugen von diesen Tempeln nur noch Überreste, wie der römische Fußboden in der Kirche S. Andrea und die un-zähligen etruskischen Funde, die man in der Krypta sehen kann.
In Orvieto gibt es zahlreiche Kirchen, die wegen ihres antiken Ursprungs, ih-res künstlerischen Werts und der Kunstwerke sehenswert sind, die in ihnen aufbewahrt werden.
Über den Dom, das wohl einzigartige Juwel italienischer Gotik, haben wir be-reits ausführlich an einer anderen Stelle dieses Führers gesprochen. Aus Platzmangel ist es nicht möglich, jede einzelne Kirche eingehend zu würdi-gen.
Doch sollen die wichtigsten religiösen Bauten hier mit zusammenfassenden Erläuterungen abgebildet werden.
Andere, weniger bedeutende, aber dennoch wegen ihrer Kunstschätze in-teressante Kirchen, sollten bei einem Rundgang durch Orvieto nicht ausge-lassen werden.

In der Via Ghibellina steht die 1618 errichtete **Chiesa del Gesù**, deren Inneres barockes Stuckwerk enthält. Auf dem Hauptaltar ist eine *Madonna*, die "Madonna des lebendigen To-ten" (Madonna del morto vivo) ge-nannt wird. Der sterbende Kardinal Simonelli hat sie angerufen und war dann wieder genesen. Auf der Piazza de' Ranieri steht die barocke **Kirche S. Lodovico**, in der man unter den an-deren Kunstwerken auf dem linken Altar ein Temperagemälde sehen kann, auf dem die *Anbetung des Jesus-kindes durch die Unschuldigen in der Glorie des Paradieses* von Andrea di Giovanni (1410) dargestellt ist. Das Werk ist vor allem wegen der Seltenheit des dar-gestellten Themas und seiner anmu-tigen Ausführung interessant.

Gegenüber dem Palazzo del Capita-no steht auf der Piazza del Popolo die romanische **Kirche S. Rocco** mit teil-weise erhaltenen Fresken im Innern: in der Apsis *Christus zwischen der Jung-frau und dem Täufer, dem hl. Rochus und dem hl. Sebastian* – ein Werk des Cristo-foro da Marsciano (1527) – und eine *Jungfrau mit Kind und vier Heiligen* von Eusebio da Montefiascone. Schließ-lich die **Kirche der hl. Apostel** (Chie-sa dei Santi Apostoli) mit einem drei-schiffigen Innern. Auf dem Hauptaltar befindet sich ein kostbares Gemälde des Vincenzo Pasqualoni (Orvieto), das die unbefleckte *Empfängnis* mit den beiden *Aposteln Philippus und Jako-bus* darstellt, denen diese Kirche ge-weiht ist. Anmutig ist der Glocken-turm; die Fassade blieb unvollendet.

DIE KIRCHE S. GIOVENALE

Diese vorromanische Kirche im westlichen Stadtteil ließen sieben Adelige aus Orvieto – unter ihnen die Grafen von Marsciano und die Monaldeschi – 1004 auf den Überresten eines alten Gebäudes errichten.

Die Kirche wurde im Laufe der Jahrhunderte mehrfach umgebaut; die ursprüngliche Apsis, die in der Gotik gegen Osten verlängert wurde, ist heute nicht mehr vorhanden.

Das Innere ist dreischiffig. Acht zylindrische Tuffsäulen mit Bogen in der Wölbung stützen die Wände des Hauptschiffes.

Das gotische Querschiff stammt aus der Mitte des 13. Jahrhunderts, als die Kirche vergrößert wurde.

Die zum Teil an den Wänden erhaltenen Fresken führten Meister aus Orvieto im 13. und 16. Jahrhundert aus.

Die Kirche S. Giovenale.

Die Kirche S. Giovenale - Innenraums.

Zu den wichtigsten zählt hier eine *Verkündigung*, die *Krippe* und die *Muttergottes mit dem hl. Sebastian*. Der Hauptaltar mit einem Antipendium im byzantinischen Stil und mit eingeschnitzten Figuren von Bischöfen, Priestern und symbolischen Zeichen stammt aus dem Jahr 1170. Die einfach gehaltene Fassade hat ein einbogiges Portal; an der linken Seite erhebt sich der schöne Glockenturm, der im 17. Jahrhundert im oberen Teil umgebaut wurde. An der rechten Kirchenflanke öffnet sich ein Travertinportal aus dem Jahre 1497, über dem eine Lünette mit der Büste des Bischofs Juvenal zu sehen ist. In dieser Kirche wird das Haupt des hl. Savino verehrt, der zusammen mit dem hl. Juvenal als erster die christliche Religion nach Orvieto gebracht haben soll.

Unweit von San Giovenale liegt die **Kirche S. Agostino** aus dem 13. Jahrhundert mit einem schönen gotischen Portal (1445).

Diese Kirche gehörte früher dem Augustiner – und Franziskanerorden.

DIE KIRCHE SAN LORENZO DE' ARARI

Diese Kirche, die dem Kapitel von S. Costanzo gehörte, stand so nahe beim Franziskanerkloster, daß die Mönche durch das Geläute gestört wurden.

So erwirkten sie die Erlaubnis, die Kirche abzureißen und "vierzig Schilfrohrlängen" (so heißt es in dem Ansuchen) vom Kloster entfernt, neu zu errichten.

Die Franziskanermönche erhielten die Erlaubnis unter der Bedingung, daß die Kirche (1292) in ihrer ursprünglichen Struktur gebaut werde. Sie wurde auf Veranlassung Papst Nikolaus' IV. errichtet, später zur Zeit des Barocks entstellt und schließlich vom Baumeister Paolo Zampi wieder restauriert und auf ihre ursprüngliche Form zurückgebracht.

Die Fassade ist sehr einfach gehalten, mit einem schlichten Portal aus dem 15. Jahrhundert; in der Lünette das verblaßte Bild einer *Madonna mit Kind und zwei Heiligen*. Das Portal wird von einer spitzen Fassade mit einer schlichten Rosette überragt, die Apsis ist halbkreisförmig angelegt.

Der einfache Glockenturm hat Kappen mit ein- und zweibogigen Fenstern. Das dreischiffige Innere ruht auf zehn mächtigen romanischen Säulen.

In der Wölbung des Hauptschiffes links oben ist das "*Leben und Martyrium des hl. Lorenz*" freskiert (1330); es wurde unlängst restauriert.

Andere, eher verblaßte Fresken in der Kirche zeigen den *hl. Lorenz*, die *hl. Brigitte* und den *Abt Guglielmo* (auf der ersten Säule links). Auf anderen Säulen ist der *hl. Niccolò* und ein anderer heiliggesprochener Bischof zu sehen.

In der Hauptkapelle steht ein Altar mit einem *Ziborium*, aus dem 12. Jahrhundert, ähnlich dem des "Wunders von Bolsena". Der Altartisch ruht auf einem Säulenstumpf, der unter der Kirche gefunden wurde. Wahrscheinlich stammt er von einem etruskischen Altar. Den Altar der Hauptkapelle ziert ein kleines *Kreuz* aus dem 14. Jahrhundert.

Die Kuppel der Apsis ist mit byzantinischen Fresken ausgemalt (14. Jahrhundert), auf denen der auf einem *Thron sitzende und segnende Christus*, die *Heilige Maria* und die *Heiligen Lorenz, Johannes* und *Franziskus* dargestellt sind.

DIE KIRCHE SAN GIOVANNI

Auf der Via Ranieri kommt man links zur Via Ripa di Serancia. Hinter dem malerischen Bogen liegt auf dem Platz die dem hl. Johannes geweihte Kirche San Giovanni mit achteckigem Grundriß und einer sehr einfach gehaltenen Fassade.

Links vom Eingang sieht man ein sehr schönes Ziborium aus dem 15. Jahrhundert.

In die Mauern eingelassen sind Überreste von Inschriften und mittelalterlichen Bauelementen aus dem 10. bis 13. Jahrhundert mit Darstellungen der *Madonna mit Kind*, die auch "Madonna des Brunnens"

genannt wird. Ursprünglich war die Kirche ein Priorat der Eremiten und wurde später 1489 eine Abtei der lateranensischen Domherren. Wahrscheinlich soll sie 916 auf Veranlassung Papst Johannes' X. errichtet worden sein.

Im benachbarten Kloster finden heute Ausstellungen und Tagungen statt.

Man sieht hier auch einen gut erhaltenen Kreuzgang, den Sangallo ausgeführt haben soll.

In der Mitte steht ein schöner Marmorbrunnen, der zwischen 1526 und 1532 ausgeführt wurde.

Die Kirche San Giovanni.

DIE KIRCHE SAN FRANCESCO

Unweit der Kirche S. Lorenzo de' Arari kommt man auf der Via Filippo Scalza zur Piazza Febbei mit der Kirche S. Francesco. Sie wurde 1230 auf Kosten der Republik und adeliger Bürger Orvietos im gotischen Stil errichtet und von Clemens IV. geweiht. Später ließ sie der hl. Bonaventura da Bagnoregio vergrößern und im 18. Jahrhundert erfolgten umfassende Restaurierungsarbeiten. Die einfache Fassade aus dem Jahr 1240 schmücken drei spitzbogige Portale; das mittlere ist mit kleinen Marmorsäulen verziert. Auf dem Architrav ist das *Osterlamm* zu sehen, Emblem des Kapitels, das für die Baukosten aufkam. Das einschiffige Kircheninnere hat miteinander verbundene barocke Kapellen. Das schöne *Holzkreuz* wird dem Maitani zugeschrieben; interessant ist auch das Hochaltarbild von Cesare Nebbia. Die Kirche ist reich an geschichtlichen Ereignissen: 1273 hielt hier Gregor X. die pompösen Trauerfeierlichkeiten für Heinrich von England, der in der Kirche S. Silvestro in Viterbo vom ersten Gemahl der Pfalzgräfin von Sovana, dem Grafen Guido di Montfort erdolcht worden war. Am 11. August 1267 hat hier Bonifatius VIII. König Ludwig von Frankreich heiliggesprochen; 1617 schließlich wurde in dieser Kirche der Baumeister Ippolito Scalza feierlich bestattet. An die Kirche grenzt der Franziskaner-Konvent – eine Zeitlang Jesuitenkolleg – mit einem schönen, von Ippolito Scalza ausgeführten Kreuzgang. Den Brunnen in der Mitte ließ der hl. Bonaventura da Bagnoregio errichten. In dem Gebäudekomplex ist heute eine Schule untergebracht.

Die Kirche San Francesco.

DIE KIRCHE SANTA MARIA DEI SERVI

Sie liegt in der Nähe der Piazza Cahen auf einem kleinen Platz rechts am Anfang des Corso Cavour.

Die ursprünglich gotische Kirche wurde 1259 errichtet und ging 1265 in den Besitz der Brüder vom Orden der Diener Mariens über, nachdem sie dem Abt und den Mönchen des hl. Severus abgekauft worden war.

Die Kirche verfiel und wurde 1857 auf Veranlassung des Abts Riscossa nach einem Entwurf von Virginio Vespignani vollkommen im klassizistischen Stil umgebaut.

Im einschiffigen Kircheninneren kann man ein schönes, 1497 von Antonio Federighi ausgeführtes *Weihwasserbecken* mit den Wappen der Borgia bewundern.

Sehenswert sind weiter ein *Holzkreuz* aus dem 14. Jahrhundert, verschiedene Fresken aus dem 16. Jahrhundert und vor allem eine *Madonna mit Kind und Engeln* auf einer Tafel rechts vom Hauptaltar. Es ist ein Werk des Florentiner Coppo di Marcovaldo (1265-70), das zur Zeit wegen Restaurierungsarbeiten nicht zu sehen ist.

In unserem Führer durch Orvieto ist die Madonna vor ihrer Restaurierung abgebildet.

In dieser Kirche sind weitere Gemälde aufbewahrt, wie der *hl. Sebastian* (Vincenzo Pontani) und der *hl. Martin* (Raffaele Puccetti); weiters unlängst restaurierte Fresken aus dem 16. Jahrhundert, die in einer kleinen Kapelle zu sehen sind.

Die Kirche Santa Maria dei Servi.

DIE KIRCHE SAN DOMENICO

Sie steht auf der Piazza XXIX. Marzo, die man in wenigen Minuten auf der Via Belisario oder von der Piazza Cahen erreicht.

Die Kirche wurde zwischen 1233 und 1264 wahrscheinlich auf dem Fundament eines Minervatempels errichtet und soll die erste sein, die dem hl. Domenikus geweiht war.

Wie das schöne Portal in der einfach gehaltenen Fassade zeigt, stammt sie aus der Gotik. Die Kirche war ursprünglich 90 m lang und dreischiffig; im Laufe der Jahrhunderte wurde sie völlig umgebaut und schließlich nach barokem Zeitgeist auf eine Apsis und Querschiff verkürzt.

Leider mußte das angrenzende Kloster des hl. Domenikus 1934 dem Bau der "Accademia femminile di Educazione Fisica" (Akademie für Leibesertüchtigung für Frauen und Mädchen) weichen, die heute "Scuola Militare di Educazione Fisica" (Militarschule für Leibesertüchtigung) ist.

Die so verkleinerte Kirche bewahrt auch heute in ihrem Inneren kostbare Kunstwerke auf, wie unter anderem ein sehr schönes Holzkreuz aus dem 14. Jahrhundert, das ein Schüler des Giovanni Pisano ausgeführt hat.

Nach einer alten Überlieferung soll dieser Christus zum hl. Thomas gesprochen haben. In einer Urne unter dem Altartisch wird die sterbliche Hülle der Seligen Vanna da Carnaiola aufbewahrt, die 1306 in Orvieto gestorben ist. Durch eine neben dem Presbyterium gelegene Kapelle kommt man in die Grabkapelle der Petrucci, die Sanmicheli im vornehmen dorischen Stil ausge-

führt hat.

Sie hat einen achteckigen Grundriß und war ursprünglich mit Marmor, Metallarbeiten und verschiedenfarbenen Majoliken ausgeschmückt, die heute jedoch in schlechtem Zustand sind. In dieser Kirche sind zudem auch verschiedene Gemälde der umbrischen Schule des 14. und 15. Jarhunderts zu sehen, wie eine *Kreuzigung und die Jungfrau mit dem hl. Johannes*.

Das Fresko kann man in der 1. Kapelle rechts sehen. Das bedeutendste Werk in der Kirche San Domenico ist das *Grabmal des französischen Kardinals De Braye*, das der große Bildhauer aus Colle Val' d'Elsa – Arnolfo di Cambio – 1282 ausgeführt und auch signiert hat.

Das an der linken Wand aufgestellte Grabmal bleibt trotz schlecht ausgeführter Restaurierungsarbei-ten ein künstlerisches Kleinod.

Auf dem Mittelteil des Sarkophags ist der auf einem Bett ruhende tote Kardinal mit zwei Engeln dargestellt, die über ihm die Zipfel eines Baldachins herablassen. Im oberen Teil sieht man die *Madonna mit dem Jesuskind*, zu ihren Füßen links stellt ihr der *hl. Wilhelm* den Kardinal vor; rechts der *hl. Domenikus*.

Einige Fragmente, wie zwei Engel mit Weihrauchgefäßen, werden heute im Dombaumuseum aufbewahrt. Links vom Altar steht das *Pult des hl. Thomas von Aquin*, der in dem Domenikanerkloster viele Jahre Theologie gelehrt und sich zur Zeit des Wunders von Bolsena in Orvieto aufgehalten hatte (1236).

Er hat auf Wunsch Papst Urbans IV. die Messe für das "Wunder von Bolsena" geschrieben.

DIE KIRCHE SANT'ANDREA

Nach Ansicht des Historikers Pericle Perali soll diese Kirche im 6. Jahrhundert auf den Ruinen eines etruskischen Tempels beim Forum erbaut worden sein, wie es verschiedene Reste aus dieser Epoche in der Krypta bekunden.

Die Kirche wurde zwischen dem 11. und 12. Jahrhundert umgebaut und schließlich im 14. Jahrhundert vollendet. Der Bau ist recht ungewöhnlich: die Fassade hat ein gotisches Portal aus dem 15. Jahrhundert; an der rechten Seite erhebt sich der zwölfeckige, zinnengekrönte Glokenturm mit Wappen und drei Reihen von zweibogigen Fenstern. Im wesentlichen ähnelt dieses Bauwerk der Abtei S. Severo.

Links befindet sich ein Laubengang, der 1213 abgerissen und 1926 unter der Anleitung des Direktors der Kuntsammlung, Gustavo Giovannoni, rekonstruiert wurde.

Unter dem Laubengang, dessen Ar-kaden von Travertinsäulen getragen werden und auf denen die Symbole der sechs Künste eingehauen sind, ist eine lateinische Inschrift mit Wappen zu sehen.

Auf ihnen sind die Kirchenfeste Orvietos im Mittelalter verzeichnet.

In dieser Kirche wurden im Mittelalter Volksversammlungen abgehalten, bei denen wichtige Entscheidungen getroffen wurden. 1216 rief hier Innozenz III. den 4. Kreuzzug aus und Papst Honorius III. krönte 1217 in dieser Kirche Pietro d'Artois zum König von Jerusalem.

Im gleichen Jahr wurde hier der 1199 von den Patarini ermordete Bürgermeister von Orvieto, Pietro Parenzo, heiliggesprochen; in Gegenwart Karls von Anjou wurden in dieser Kirche 1281 die späteren Päpste Nikolaus IV. und Bonifatius VIII. zum Kardinal kreiert. 1338 beschloß der Rat der Stadt Orvieto die Statue der in den Himmel aufgenommenen Mut-

Die Kirche Sant'Andrea.

tergottes am Vorabend des 15. August in einer feierlichen Prozession in den Dom zu bringen, damit sie die Stadt von einer jahrelangen Belagerung befreien sollte.

Diese Prozession findet auch heute noch am Vorabend des Himmelfahrtstages in Orvieto statt.

Das dreischiffige Kircheninnere ruht auf zylindrischen Granitsäulen mit klassischen Kapitellen und hat ein gotisches Doppelkreuzgewölbe.

Eine gewisse Ähnlichkeit mit den baulichen Formen des Domes ist vorhanden, wie Fiumi in seiner Monographie über Orvieto bemerkt. Am Anfang des rechten Schiffes gelangt man durch eine Gittertür in ein unterirdisches Gewölbe, wo bei den letzten Restaurierungsarbeiten die Außenmauern der ersten frühen Basilika und Reste des Mosaikfußbodens mit geometrischen Mustern aus dem 6. Jh. zu Tage traten, und in einer tieferen Schicht weitere Reste aus etruskischer Zeit.

Die Kirche Sant'Andrea ist eines der wichtigsten religiösen Bauwerke in Orvieto und war Mittelpunkt zahlreicher historischer Ereignisse im damaligen Leben der Stadt.

DIE ABTEI SS. SEVERO E MARTIRIO

Einer alten Legende zufolge starb der aus dem Introcrina-Tal stammende Mönch, der hl. Severus, gegen Ende des 6. Jahrhunderts.

Sein Leichnam wurde auf einem Karren von zwei wilden Ochsen gegen Orvieto gezogen.

Rotunda, eine Adelige, ging dem Gefährt mit dem Volk entgegen, um den Leichnam des Heiligen an sich zu nehmen.

Sie konnte ihre Hand jedoch nicht von der Bahre lösen.

Diese sollte erst nach dem feierlichen Versprechen frei werden, die kleine Kirche S. Silvestro für die Bestattung des Heiligen zu schenken, wie auch den Großteil ihres Grundes, auf dem das Kirchlein stand.

Genaue Angaben über den Ursprung der Abtei verlieren sich jedoch im Dunkel der Geschichte.

Man vermutet aber, daß der Bau im 6. Jahrhundert begonnen und im 12. Jh. von den Benediktinern renoviert wurde.

Diese wurden jedoch 1220 aus der Abtei verstoßen, da sie sich gegen die bischöfliche Autorität aufgelehnt hatten. Später wurde sie dem französischen Prämostratenserorden übergeben, der sie um ein Refektorium und einen romanisch-gotischen Kapitelsaal vergrößerte.

Das einstige Kloster ist heute zerstört. Fährt man die Anhöhe hinauf, auf der die heutige Abtei "La Badia" steht, so sieht man rechts die *Kirche des Gekreuzigten* (Chiesa

Die Abtei SS. Severo e Martirio.

del Crocifisso) und das alte *Refektorium* mit Fresken aus dem 12., 13. und 14. Jahrhundert.

Links sieht man die Überreste des großen *Kapitelsaales*, dessen spitzbogiges Gewölbe an einer Seite erhalten geblieben ist.

Durch den Bogen hat man einen schönen Ausblick auf Orvieto.

Durch den baumbestandenen Hof gelangt man zur "Casa Abbaziale" im romanisch-gotischen Stil, in der heute ein erstklassiges Hotel mit Restaurant untergebracht ist.

Links befindet sich die alte Kirche mit einem schönen spitzbogigen Portal, einem einschiffigen Innern mit Kappengewölbe und einem teilweise gut erhaltenen Cosmaten-Fußboden.

Der Altartisch aus dem Jahre 1100 ruht auf zwei romanischen Basreliefs.

Sehr schön ist auch der zwölfeckige *Turm* mit einer Reihe zwei-und mehrbogiger Fenster und den Zinnen, die im Abschluß eine anmutige Krone bilden. Die Glocke wird wegen ihres zarten Klanges "viola" genannt.

DER BRUNNEN DES HL. PATRIZIUS

Auf der Piazza Cahen beginnt zwischen der Festung der Albornoz und der Parkanlage des Belvedere (hier wurden etruskische Funde gemacht) eine kleine baumbestandene Straße, die zu einer weiteren interessanten Sehenswürdigkeit der Stadt führt.

Es ist der Brunnen des hl. Patrizius (Patrick), der in einer tiefen Höhle auf einer Insel in Irland gelebt hatte.

Den Brunnen ließ Papst Clemens VII. (Giulio de' Medici) graben, als er während der Plünderung Roms (Sacco di Roma) 1527 nach Orvieto geflüchtet war, um die Stadt mit Wasser zu versorgen.

Mit dem Entwurf zu diesem Projekt wurde der Baumeister Antonio Sangallo d. J. beauftragt.

Nachdem man nach Wasser gesucht hatte, das dann auch am Fuß des Felsens mit den Quellen des hl. Zero gefunden wurde (die Umgebung Orvietos war damals reich an Quellen), wurde sogleich mit den Arbeiten begonnen, die während der Abwesenheit Sangallos von Giovan Battista da Cortona fortgesetzt und geleitet wurden.

Bei den Arbeiten fand man 1532 in 200 m Tiefe ein etruskisches Grab.

Nachdem der tiefe Brunnen zwischen Tuffgestein und tertiärem Lehmboden ausgehoben war, wurde der Hauptschacht und die Wasserzufuhr mit Tuffblöcken und Ziegelsteinen ummauert.

Der Brunnen wurde schließlich 1537 unter dem Pontifikat Paulus III. (Alessandro Farnese aus Rom) fertiggestellt und sollte bei einer Belagerung die Stadt mit Wasser versorgen.

Nach einer anderen Version soll der Brunnen von unten nach oben gegraben worden sein, wobei seitliche

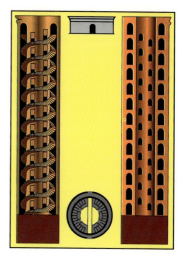

Stollen angelegt wurden.

Der Brunnen ist fast 62 m tief und 13, 40 m breit.

Zwei Portale führen an gegenüberliegenden Seiten zu zwei voneinander getrennten Treppen, die schneckenförmig übereinander um den Schacht herum angelegt sind, so daß sie miteinander nicht in Verbindung stehen.

Sie sind durch 70 Fenster schwach beleuchtet. Jeder Gang hat 248 bequeme Stufen, die auch für Tiere leicht begehbar sind, denn früher holten Maulesel das Wasser unten auf einer Holzbrücke, die nur knapp über dem Wasserspiegel liegt, um dann auf der anderen, entgegengesetzten Stiege wieder hinaufzusteigen.

Der Abstieg in den Brunnen ist wegen seiner wohl einzigartigen Anlage sehr interessant.

Nach und nach verringert sich die Temperatur und das Licht geht in Haldbunkel über.

Blickt man von der kleinen Brücke hinauf in die Öffnung, so scheint der Schacht eine bläuliche und grünliche Farbe anzunehmen, denn die Schachtwand ist teilweise mit Vegetation bedeckt.

Der Brunnen, der nach seiner Fertigstellung (1556) eine Sehenswürdigkeit (auch in der damaligen Zeit) war, erhielt den Namen "Pozzo di San Patrizio", und zwar nach dem hl. Patrick, der sich in eine tiefe Höhle auf einer Insel in Irland zum Gebet zurückgezogen hatte, die dem Brunnenschacht ähnlich war.

Eine schöne lateinische Inschrift zu beiden Seiten des Eingangs erinnert daran, weshalb der Brunnen gegraben wurde: "Quod Natura Munimento Inviderat Industria Adiecit." (Was Natur dem Ort vorenthielt, hat ihm regsamer Fleiß verliehen).

Der Brunnen des Hl. Patrizius und innere.

DIE MAUERN UND TORE DER STADT

Nach Ansicht des aus Orvieto stammenden Historikers Pericle Perali kann man nicht mit Sicherheit sagen, wie die Geländestruktur Orvietos zur Zeit der Etrusker ausgesehen haben mag. Als sicher gilt jedoch, daß es nur einen Zugang gegeben hat, der in die Tuffmasse gegraben war: die heutige Porta Maggiore. Von hier aus, der östlichen Seite der Stadt, begann vielleicht der "Decumanus", die Ost-Weststraße, die sich mit dem "Cardus", der Nord-Südstraße auf der heutigen Piazza della Repubblica kreuzte. Hier soll auch – nach Ansicht Peralis – der mächtige heilige Volumna-Tempel gestanden haben. Diese sehr alte Straße trug bereits im Mittelalter nach ihrem Ursprung den namen "Cava" (Bruch).

An der äußersten östlichen Grenze wurde dann ein anderer Zugang geöffnet, die "Porta Soliana", deren ursprüngliche Form nicht mehr erhalten ist, da im Mittelalter über dem Tor ein kleiner Palazzo mit einer Geheimtür (Porta Postierla) errichtet wurde. Nach dem 1364 und 1456 erfolgten Anbau einer Festung hieß sie dann "Porta Rocca". Ein anderes sehr

Porta Maggiore.

altes Tor war die in der Nähe des Domes gelegene "Porta Santa Maria". Dieses Tor wurde geschlossen, im 14. Jh. wieder geöffnet und im 16. Jh. schließlich dem Verfall ausgesetzt.

Ein weiteres Tor im südlichen Stadtteil war die "Porta Vivaria", auch "Porta Scenditoio" genannt.

Im 12. Jh. wurde im Osten des Stadtteils "Surripa" ein neues Tor erbaut ("Porta Pertusa"), das 1822 durch die heutige Porta Romana ersetzt wurde. 1833 schließlich errichtete man zwischen der Porta Vivaria und der Porta Postierla die Porta Cassia.

In den östlichen Stadtteil gelangte man auch mit der 1888 gebauten Zahnradbahn, die teilweise durch einen Tunnel unter der Festung verlief. Im 13. und 14. Jh. wurden die Zugänge von Torhütern bewacht, die regel-

mäßig von der Stadt unter einfachen Männern ausgewählt wurden.

Lesen oder schreiben war für dieses Amt nicht erforderlich. Im übrigen bildete das Tuffmassiv mit seinen zwischen 20 und 30 m hohen Felsvorsprüngen stets eine natürliche Mauer zur Verteidigung der Stadt.

Zudem war es nie erlaubt, Häuser und Palazzi auf dem Felsenrand zu bauen und es war dort eine kleine Straße mit Schutzwall angelegt, von der aus die Bürgerwachen die eindringenden Feinde abwehrten.

Auf dieser Fläche wurde in jüngster Zeit eine mehrstöckige Parkplatz-Anlage erbaut, von wo aus auch eine Rolltreppe direkt ins Zentrum dieser kleinen Stadt führt. Der Felsen von Orvieto mußte ab 1978 massiv gestützt werden; aufgrund eines Gesetzes von 1987 wurde dann für die Aufbringung der nötigen Mittel gesorgt, um global zu restaurieren, und um die bedeutendsten Monumente der Stadt zu retten oder besser zur Geltung zu bringen. Zusammen waren das einige Hundert Milliarden Lire, was nicht nur die Stabilität des Felsens und der Monumente sicherte, sondern ihn auch selber für die Touristen noch reizvoller machte.

Auf der "Via Nuova" (heute Staatsstraße Nr. 7), die auf dem Bild zu sehen ist, gelangt man am südwestlichen Stadtrand durch die Porta Pertusa (auch Porta Romana genannt) nach Orvieto.

Auf der Ebene zu Füßen des Tuffmassivs verläuft die Straße durch eine liebliche Landschaft. Rechts der Straße wird auf einem leichten Abhang der Viehmarkt abgehalten. An der Ostseite der Piazza Cahen, die wie ein Balkon über dem darunterliegenden neuen Orvieto-Scalo liegt, beginnt eine kleine Straße, die durch ein Tor unter der Festung Albornoz hindurchführt. Von dieser Straße, die hinunter in die Ebene führt, hat man eine sehr schöne Aussicht.

Auf ihr kommt man auch zur Porta Postierla (oder Porta della Rocca), die in die Festungsmauern eingebaut ist. Diese ist eine schöne Konstruktion

Porta Postierla.

aus dem ausgehenden 13. Jh. mit Spitzbogen und doppelten Arkaden. Oben in einer Nische steht eine Marmorstatue Bonifatius VIII., ebenfalls aus dem 13. Jh.

Links der Piazza Cahen erhebt sich die Festung der Albornoz. Sie wurde von dem Päpstlichen Legaten, dem Kardinal Egidio Albornoz, im Auftrag Innozenz VI. unter der Beratung von Ugolino di Montemarte 1364 errichtet.

Sie wurde mehrmals beschädigt und sofort nach dem Fall der letzten Stadtherrschaft und der Eingliederung Orvietos in den Kirchenstaat (1450-1458) wieder aufgebaut.

1888 wurden die Innenräume be-schädigt und die Festungsgräben für den Bau der Zahnradbahn zugeschüttet. Unlängst wurde der Wehrgang auf der Glacis wieder hergestellt.

Das Areal ist heute eine öffentliche Parkanlage, von der man eine sehr schöne Aussicht auf das Paglia-Tal hat, durch das sich wie ein silbernes Band die Autostrada del Sole zieht.

Sehr gut zu sehen ist von hier auch der gradlinige Verlauf der früheren, 1888 vom Ingenieur Bracci gebauten Zahnradbahn, die einst das im Tal liegende neue Orvieto-Scalo mit dem alten Orvieto verband.

In der Mitte des öffentlichen Parks an der Piazza Cahen steht der Belvede-

re - Tempel aus etruskischer Zeit.
Wie bereits gesagt, sind im bewohnten Stadtteil Orvietos keine etruskischen Baureste übriggeblieben, da über diesen in späterer Zeit römische Tempel und danach christliche Kirchen errichtet wurden.
Der Belvedere - Tempel ist der einzige der vielen einstigen Tempel in Orvieto, von dem auch heute noch Überreste vorhanden sind.
Die Überreste kamen zufällig 1828 beim Bau der neuen Straße nach Orvieto-Scalo zutage.
Es handelt sich um einen wahrscheinlich aus dem 5. vorchristlichen Jahrhundert stammenden Tempel mit vier Säulen, der bis zu den ersten Jahren des 3. Jahrhunderts eine Kultstätte gewesen ist.
Seine Ausmaße ähneln denen, die Vitruvius beschrieben hat.
Nach seinen Anmerkungen weiß man auch, daß von den zehn Teilen, aus denen der Tempel besteht, vier zur mittleren Cella gehörten und je drei Teile zur seitlichen Cella.
Mit den Forschungen haben sich dann andere Archäologen beschäftigt. 1925 wurden dann bei Ausgrabungen Mauerreste und zahlreiche, mit ornamentalem Schmuck verzierte Terrakotta-Fragmente des Tempels entdeckt, darunter auch Teile von Statuen, die einst im Giebel angebracht waren.
Diese Funde sind heute im Museum Faina zu sehen. Der Tempel stand früher auf einem weitläufigen, 17 m breiten und 22 m langen Podium, zu dem eine noch heute sichtbare Treppe führte.

Die Stadtmauer.

Der Belvedere-Tempel.
Die Festung der Albornoz.

UNTERIRDISCHES ORVIETO

Dieser weiche Tuffstein, der leicht modellierbar ist und somit seit jeher ganz nach Wunsch der Bewohner Orvietos Raum freigab, ist wichtigstes Baumaterial für Häuser und Paläste.

Auch der Felsen, auf dem die Stadt steht, weist dasselbe Gestein auf. Jahrtausende lang hat ein Netzwerk aus Grotten und Brunnen diesen Felsen ausgehöhlt, womit die Bewohner ihren Ansprüchen Genüge taten.

Auf diese Weise entstanden also Gruben, Brunnen, Keller, Zisternen, Urnenhallen, breite Grotten, um Kreide zu bearbeiten, Getreide zu mahlen, Haustiere zu halten, Vorräte anzulegen; man grub unter den kleinen mittelalterlichen Häusern, den großen Palästen und unter den Gemüsegärten.

Das sind alles Räume, die man zu Orvieto über dem Erdboden hinzurechnen, ja, notwendigerweise in diese Stadt integrieren muß; diese "neue" Dimension in der Ausdehnung wurde erst heute wieder entdeckt und für wichtig angesehen, und zwar in bezug auf die Atmosphäre, die diese Hohlräume durchströmt, für wichtig aber auch, wenn es darum geht, Orvieto und seine Bewohner richtig einzuschätzen, die jahrtausendelang Tag für Tag hier lebten.

Heute kennt man rund tausend Höhlen, und die interessantesten davon können mit Sonderführung besichtigt werden.

Besonders sehenswert ist in Via Della Cava 26 ein charakteristischer etruskischer Brunnen von über 26 m Tiefe, und in Via della Pace 26 eine hochinteressante Reihe von Grotten und Stollen, von denen einige etruskischen Ursprungs sind.

Fund aus dem Mittelalter von historischem Interesse, nahe beim "Cava"-Brunnen. Der etruskische Brunnen, eine tausendjährige Grotte und ein Stollen, der zu anderen Grotten Verbindung schafft und sich in der Via della Pace befindet.

DER HISTORISCHE STADTKERN

Im 14. und 15. Jahrhundert war Orvieto ungleichmäßig in Stadtviertel aufgeteilt, die sich wiederum in einzelne "rioni" gliederten. Das größte war damals das Viertel Postierla; es folgten die einzelnen Stadtviertel Santa Pace, San Giovenale und S. Giovanni und schließlich Serancia. Während der heftigen Auseinandersetzungen zwischen den beiden am stärksten vertretenen Bürgerparteien, der "Beffatti" und der "Malcori", wurden die nicht befestigten Häuser zerstört, die Türme abgerissen, wieder aufgebaut und von neuem zerstört. Später wurden dann die meisten Borghi verlassen. Nach einem nur sehr langsamen Aufschwung des Stadtlebens wurde dann am Ende des 15. Jh. die vorherige Teilung wieder eingeführt, und die Viertel erhielten die Namen, die sie bis heute beibehalten haben: das Stadtviertel Piazza del Popolo (Nord-Ost) wurde "Corsica" genannt, das von San Giovenale und S. Giovanni "Olmo", das Viertel Postierla

Via del Duomo und der Mohrenturm.

Vicolo dei Dolci.

(Süd-Ost) "Santa Maria della Stella"; das Viertel Serancia (Süd-West) schließlich behielt seinen Namen bei. Die heutige Stadt zeigt sich wie einst mit ihren kleinen, engen Gassen, über die sich oft Bogen spannen; immer wieder öffnet sich unerwartet eine neue Aussicht, ein romantischer Flecken. Die wichtigsten Gebäude in den grösseren Straßen und an den Plätzen stammen aus der 2. Hälfte des 16. Jh., die in den kleinen Gäßchen vorwiegend aus dem 12. und 13. Jahrhundert.

Beim Verlassen des Dominneren muß sich das Auge erst nach und nach an den lichterfüllten Platz gewöhnen.

Dieser ist im Gegensatz zu den gewaltigen Ausmaßen des Domes eher klein, aber dennoch charakteristisch mit den beiden Palazzi, dem Mauritius - Turm, der sich links erhebt und dem Palazzo dei Papi (Papstpalast) rechts vom Dom. Wir verlassen den Platz und gehen durch die im Halbdunkel liegenden kleinen Straßen mit ihren Läden, in denen Kunsthandwerk aus Orvieto angeboten wird. Es sind schöne Keramiken, Terrakotta-arbeiten, Holzarbeiten und kunstvolle Schmiedearbeiten.

Nicht zu vergessen ist natürlich auch der berühmte Orvieto-Wein, den man hier kaufen kann. Von der Via Maitani und der Via del Duomo aus öffnet sich erneut der Blick auf die gewaltige Domfassade. Links vom Domplatz steht der mit einer Statue und einer Uhr versehene mittelalterliche **Mauritius - Turm**. Er ist nach dem Künstler benannt, der die 1,65 m hohe Bronzestatue 1351 geformt und gegossen hat. Mit einem Hammer schlägt diese die Stunden an einer großen Glocke; kleine Hämmer an den beiden seitlichen Glocken hingegen die Viertelstunden.

Wir sind hier im malerischen **Stadt-**

Via Michelangeli.

Via del Duomo.
Der Mauritius-Turm.

viertel Serancia. Geht man die kleinen Straßen hinunter, so kommt man zu den Befestigungen und kann hier einen kleinen Spaziergang über den Stadtmauern machen.

Die Via Cava, diese alte, charakteristische Straße, die sich bis zur Piazza della Repubblica hinzieht, trennt das **mittelalterliche Stadtviertel Olmo** vom Serancia-Viertel.

Auch im Olmo-Viertel sehen wir Häuser mit schönen zweibogigen Fenstern, alte Palazzi verbindende Bögen und blumengeschmückte Balkone. Hier sind wir in der Via Ranieri und in der Via Ripa di Serancia 1. Wenige Schritte hinter dem Bogen liegt die Kirche San Giovanni mit dem Vorplatz, von dem man eine sehr schöne Aussicht auf die Felsen und die anmutige Landschaft hat.

1567 begann der damals 30-jährige Ippolito Scalza im Auftrag des Monaldo di Cornelio Clementini nach seinen eigenen Entwürfen den wohl schönsten Palast Orvietos der zweiten Hälfte des 16. Jahrhunderts.

Er hat ein schönes Portal und drei Fensterreihen im Giebelfeld. Dieser als "**Palazzo del Cornelio**" bekannte Palast liegt an der Piazza Ippolito Scalza. Im Erdgeschoß ist heute die Stadtbibliothek "Luigi Fiumi" mit 75.000 Bänden untergebracht; im 1 Stock befindet sich das staatliche Gymnasium.

Sehr schön ist auch der Hof des **Palazzo Petrangeli** (früher Palazzo Simoncelli, danach Palazzo Filippeschi) in der Via Malabranca 22. Im Innern der elegante Portikus aus Basaltstein mit einem Laubengang im Baustil der Orvietaner Frührenaissance. In einem Raum des Palazzo sind auch heute noch sehr schöne Fresken aus dem ausgehenden 19. Jahrhundert zu sehen, die von anmutigen Stuckrahmen umgeben sind.

Sehr schön sind auch der Fußboden aus Ziegel und die mit kostbarer Stuckarbeit verzierte Decke. In diesem Palast war 1532 Caterina di Lorenzo de' Medic zu Gast, die spätere Königin von Frankreich.

Stadtviertel Serancia - Via Cava.

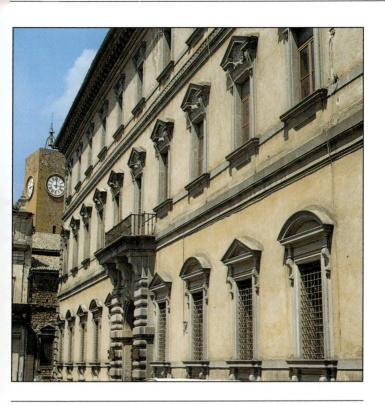

"Palazzo del Cornelio".
Der hof des Palazzo Petrangeli.

Die Fassade und linke Seitenwand der Kathedrale in einer besonderen, einzigartigen Ansicht vom Mauritius-Turm aus gesehen. Wie bereits angedeutet, erhebt sich der mittelalterliche Mauritius-Turm auf der linken Seite der Piazza del Duomo, an der Ecke Via del Duomo. Besonders beachtenswert sind an diesem Turm seine antike Uhr und die nach

ihrem Schöpfer genannten Mauritius-Statue, die vermutlich im Jahr 1351 skulptiert und gegossen wurden. Die 1,65 m große Bronzestatue schlägt mit ihrem Hammer die Stunden an der großen Glocke an, an den beiden kleinen Glocken zu beiden Seite der großen werden mit den daran angebrachten kleinen Hämmerchen die Viertelstunden angeklöppelt.

DAS FEST DER PALOMBELLA

Im suggestiven Rahmen seiner Plätze und Palazzi finden in Orvieto verschiedene interessante kulturelle und religiöse Veranstaltungen statt, wie das Fronleichnamsfest, das Fest der Palombella (Taube), das Mariä-Himmelfahrts-Fest.

Das Fest der Palombella wurde im 14. Jahrhundert von der aus Orvieto stammenden Adelsdame Giovanna Monaldeschi della Cervara eingesetzt. Es beginnt am Pfingstsonntag um 12 Uhr mittags auf dem Domplatz. Auf den Stufen vor dem Hauptportal wird ein im gotischen Stil nachgebautes hölzernes Zönakel mit den Figuren der Muttergottes und der Apostel aufgestellt. Es ist eine getreue Nachbildung des herrlichen Reliquienschreines des hl. Savinus aus dem 14. Jh., den die Sieneser Goldschmiedemeister Ugolino di Vieri und Viva di Lando ausführten. Heute wird er im Museum der Dombauhütte aufbewahrt.

Auf dem Turm der gegenüberliegenden Kirche S. Francesco sind auf einem Gerüst Himmel und Wolken dargestellt, von dem ein Stahlseil zum unten vor dem Dom ausfgestellten Zönakel führt. Wenn der Bischof dem "Baumeister" der Dombauhütte das Zeichen gegeben hat, die Böllerschüsse zu zünden, wird eine weiße Taube mit weit geöffneten Flügeln auf dem Draht herabgelassen.

Wenn sie am Zönakel angekommen ist, löst der Aufprall ein kleines Feuerwerk aus, während sich Flammen über der betenden Muttergottes und den Aposteln erheben.

Aus dem Ausgang des "Taubenfluges" zieht die Bevölkerung traditionsgemäß Schlüsse auf eine gute oder schlechte Ernte. Nach einem alten Brauch wird die Taube dem Bischof von der zuletzt in Orvieto getrauten Braut als Geschenk übergeben. Früher hatte das Fest der Palombella im Innern des Domes stattgefunden. Seit einer 1864 vom Lateranensischen Domkapitel erlassenen Verfügung findet das Fest nun auf dem Domplatz statt.

DAS FRONLEICHNAMSFEST – Historischer Umzug

Sowohl unter dem religiösen, als auch unter dem geschichtlichen Aspekt wird in Orvieto mit einer wohl einzigartigen Feierlichkeit das Fronleichnamsfest (Festa del Corpus Domini) begangen. Nach dem Eucharistischen Wunder von Bolsena (1263) hatte Papst Urban IV. mit der berühmten Bulle "Transiturus" am 11. August 1264 in Orvieto das Fest Corpus Domini eingesetzt. Urbàn IV. hatte bereits am 19. Juni mit zahlreichen Kardinälen und Bischöfen und unter Beteiligung des Volkes an einer feierlichen Prozession in Orvieto teilgenommen, in der er das mit dem Blut Christi befleckte Korporale durch die Straßen der Stadt trug. Von diesem Zeitpunkt an wird an jedem 2. Sonntag nach Pfingsten das in dem Reliquienschrein des Ugolino Vieri aufbewahrte Korporale des Wunders von Bolsena in einer Prozession durch die Straßen von Orvieto getragen und berührt dabei alle Stadtteile und die wichtigsten Punkte der Stadt. Seit einigen Jahren geht der Prozession ein farbenprächtiger historischer Umzug voran, an dem 300 Personen in den damaligen Kostümen teilnehmen. Zu sehen sind die damaligen Obrigkeiten, Fahnenträger und die Waffen und Wappen der adeligen Familien Orvietos. Das natürliche Bühnenbild dazu gibt der mittelalterliche – und Renaissance-Rahmen der Stadt

– ein unvergeßliches Erlebnis.
Am Abend des 14. August – Vorabend des Mariä-Himmelfahrts-Festes (die Muttergottes ist seit jeher Schutzpatronin der Stadt) findet eine andere Prozession ältesten Ursprunges statt. 1338 hatte der Stadtrat die Erlaubnis gegeben, die Statue der in den Himmel aufgenommenen Muttergottes in einer feierlichen Prozession von der Kirche S. Andrea zum Dom zu tragen, um auf ihre Fürbitte hin die Stadt von einer langjährigen Belagerung zu befreien.

Banner der einzelnen Zünfte.

Oben: Die Bannerträger der einzelnen Stadtviertel beim Verlassen des Domes.
Unten: Das Korporale-Reliquiar des Wunders von Bolsena wird aus dem Dom getragen, um die feierliche Prozession zu eröffnen, die nun durch die Straßen der Stadt ziehen wird.

KUNSTHANDWERK UND LANDWIRTSCHAFT IN ORVIETO

Die Herstellung von Keramiken in Orvieto geht auf das 13. Jahrhundert zurück, als die ersten Keramikwerkstätten in Umbrien entstanden.

Der Stil der Keramik aus dieser Zeit wird als "archaisch" bezeichnet und inspiriert sich an den früheren Kulturen, wie zum Beispiel die der Etrusker, wobei man aber auch auf spanische und maurische Elemente zurückgriff. Nach den ersten Einflüssen fand man dann später zu einem ausgesprochen orvietanischen Stil. In der zweiten Hälfte des 13. Jahrhunderts kam in der Keramikkunst Orvietos, die sich bisher nur auf einfache Gebrauchsgegenstände beschränkt hatte, ein neues, grundlegendes Element hinzu: eine weiße Glasur, die man durch Zinnoxid erhielt. Zeichnungen und Farben konnten nun besser und plastischer aufgetragen werden. Von Beginn des 15. Jahrhunderts an erhielt die Keramik ihren höchsten künstlerischen Ausdruck mit der Einführung plastischer Elemente wie Pinienzapfen, Köpfe, Flechtwerk, vierfüßige Tierfiguren, Vögel und Wappen. Gegen Ende des 19. Jahrhunderts wurden dann die altüberlieferten Muster wieder aufgenommen.

Seit 1906 auf dem Grund der Brunnen und in den Rumpelkammern der Palazzi und einfachen Häuser gemachte Funde von mittelalterlichen Keramikarbeiten haben gezeigt, wie schön und künstlerisch wertvoll diese Arbeiten auch damals gewesen sind. Sie gehören wohl zu den schönsten in Italien. Es handelte sich hierbei um Teller, Tellerfragmente, Pokale und sehr schön gestaltete Tassen, die wieder ans Licht gekommen waren. Die einzelnen Gegenstände können zeitlich nach ihrer Entstehung eingeordnet werden. Auch erhielt man so einen Einblick über die sich im Laufe der Jahrhunderte geänderten Techniken und Formgebung. Bereits seit 1316 waren die Keramikmeister, die "vascellai", in Orvieto in Zünften zusammengeschlossen. Ihr Wappen ist zusammen mit dem der anderen in der Stadtrepublik errichteten Zünfte in der Glocke (Campana del Popolo) auf dem Mohrenturm eingehauen.

Schüler bei der Arbeit im Tonkeramik-Labor innerhalb der bekannten Scuola Professionale von Orvieto.

DER ORVIETERWEIN

Um Orvieto liegt eine anmutige Hügellandschaft, die auf einer Seite zum Paglia-Tal abfällt. In dieser schönen Landschaft sehen wir Zypressen, Weinberge, verstreute Bauernhäuser auf Anhöhen und fruchtbare Felder, die hie und da von Wäldern und mediterraner Macchia abgelöst werden. Die anmutige Landschaft verdankt ihren Reiz wohl dem ausgesprochen südländischen Klima mit einem milden und regnerischen Winter und einem heißen Sommer.

Symbol für dieses Klima ist der Ölbaum, der die Hügel bis 500 m Höhe bedeckt und zu dem sich Weinberge und Zypressen harmonisch in die Landschaft einfügen.

Die Gegend gründet ihren Reichtum auf eine blühende Landwirtschaft, die im Laufe des jetzigen Jahrhunderts einen bedeutenden Aufschwung erfahren hat. Der wichtig-

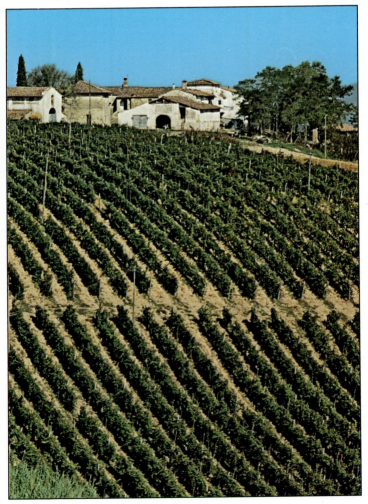

ste landwirtschaftliche Zweig ist heute der Weinbau. Die ehemals kleinen Betriebe haben heute große und moderne Betriebe abgelöst, so daß die Weinproduktion und die Güte des Weines angehoben werden konnte. Die höchste Anerkennung ist wohl das staatliche Gütezeichen D. O. C. (kontrollierte Ursprungsbezeichnung) gewesen, das einen Qualitätswein garantiert. Ausschlaggebend für den berühmten Wein aus Orvieto sind der mit Ton und Sand durchwirkte Boden, der mit vulkanischer Erde bedeckt ist, das außerordentlich günstige Klima für sonnengereifte Trauben und die Lage der Weinberge. Der alte Weinbau wurde durch moderne und gewinnbringendere Methoden abgelöst. Modern eingerichtete Weinkeller sind zu den alten und pittoresken Weinkellern hinzugekommen, wo der berühmte Wein aus Orvieto in mächtigen Eichenholzfässern aufbewahrt und in Flaschen abgefüllt wird, um in die ganze Welt verschickt zu werden. Den Wein gibt es hier in den Geschmacksrichtungen "herb" und "süffig". Beide werden mit folgenden Rebensorten verschnitten: Trebbiano Toscano, Verdello, Sacchetto, Drupeggio und Malvasia Toscano. Dieser strohgelbe Wein hat ein mildes Bouquet, das nach frischen Trauben schmeckt; der Alkoholgehalt liegt zwischen 11 und 12 Grad.

Der bereits seit der Etruskerzeit bekannte Wein aus Orvieto zählt zu den ältesten Weinen Italiens.
In der Renaissance hat er die Tafel wichtiger Päpste, Fürsten und Kardinäle bereichert.
Gut gemundet hat er auch dem Luca Signorelli, der in einem am 27. April 1500 mit dem Camerlengo der Dombauhütte Nicola Angeli stipulierten Vertrag für die Fresken in der Cappella di San Brizio folgendes erhielt: 375 Golddukaten, einen Raum mit zwei Betten, zwei Maße Getreide im Monat und rund tausend Liter Wein im Jahr.

Läßt der Tourist sein Auto auf dem neuen Parkplatz "Porta Romana" stehen, empfängt ihn als erstes eine liebliche Landschaft um die Stadt selber; eine kleinere Straße, von Zypressen gesäumt, die sich den Hügel hinaufziehen, sowie alte Wege, von denen einer zum ehrwürdigen Kapuziner-Kloster führt.

DIE UMGEBUNG ORVIETOS

Prodo, mit Türmen bewehrtes Schloß aus dem 14. Jahrhundert.
Castel Viscardo, das Schloß aus dem 14.Jahrhundert.
Folgende Seite: Alviano das Schloß.
Der Deich und der See von Corbara.

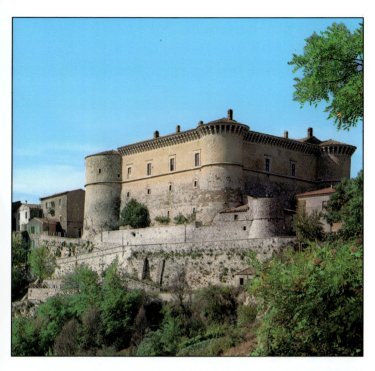

NÜTZLICHE HINWEISE FÜR DIE FREMDEN NOTRUFE

Öffentl Notstandsruf tel.   113

Gemeinde   tel. 342225

Carabinieri   tel. 41955

Verkehrspolizei   tel. 300158

Polizei   tel. 342476

Stadtpolizei
                        tel. 340088

Taxi - Piazza della Repubblica
                        tel. 342613

Taxi - Orvieto Scalo   tel. 90303

Bahnhof   tel. 90034

Krankenhaus S. Maria Stella
                        tel.   3091

Rotes Kreuz   tel. 341727

Feuerwehr   tel. 90666

A.C.I. Soccorso   tel. 90282

Touristische
Auskünfte
Piazza del Duomo
    tel.341772-341911 - Fax 344433

MUSEEN

Duomo - Sagrestia
Piazza del Duomo   tel. 341167

Museo dell'Opera del Duomo
Piazza del Duomo   tel. 342477

Museo Emilio Greco
Piazza del Duomo - Palazzo
Soliano   tel. 344605

Museo Archeologico Claudio
Faina e Civico
Piazza del Duomo - Palazzo
Faina   tel. 341216

Necropoli Etrusca
Ss.71 km16   tel. 343611

Pozzo di San Patrizio
Viale San Gallo   tel. 343768

Orvieto Underground tel. 344891

Pozzo della Cava
Via della Cava   tel. 342373

Torre del Moro
Corso Cavour   tel. 344567

HOTELS ORVIETO ZENTRUM

* * * *

Aquila Bianca
Via Garibaldi 13   tel. 341246

Maitani
Via Maltani 5   tel. 342011

* * *

Filippeschi
Via Filippeschi 19   tel. 343275

Italia
Via di Piazza del Popolo 13
                        tel. 342065

Reale
Piazza del Popolo 25 tel. 341247

Valentino
Via A. da Orvieto 32 tel. 342464

Virgilio
Piazza del Duomo 5   tel. 343797

* *

Corso
Corso Cavour 343   tel. 342020

Duomo
Via Maurizio 7   tel. 341887

Della Posta
Via Signorelli 18   tel. 341909

HOTELS ORVIETO SCALO

***

La Badia
(con ristorante)
Abbazia dei SS. Severo
e Martirio   tel. 90359

Etruria
Via Costanzi 104   tel. 90207

Europa
Via Gramsci 2   tel. 90771

Gialletti
(con ristorante)
Via Costanzi 71   tel. 90381

Kristal
Via Costanzi 69   tel. 90703

Orvieto
Via Costanzi 65   tel. 91751

Villa Ciconia
(con ristorante)
Via dei Tigli 29   tel. 92982

**

Paradiso
(con ristorante)
Via 7 Martiri 49   tel. 90294

La Pergoletta
Via dei Sette Martiri 3
                           tel. 301418

Umbria
(con ristorante)
Via Monte Nibbio 1/3
                           tel. 90340

*

Centrale
Via 7 Martiri   tel. 93281

Picchio
Via Salvatori 17   tel. 90246

Primavera
Strada dell'Arcone 2/6
                          tel. 341781

RESTAURANTS ORVIETO ZENTRUM

Al Pozzo Etrusco
Piazza de' Ranieri 1   tel. 344456

Al San Francesco
Via Maitani 15   tel. 43302

Antico Bucchero
Via de' Cartari 4   tel. 341725

**Cantina Ottaviani
Duca di Orvieto**
Via della Pace 26   tel. 344663

Dell'Ancora
Via di Piazza del Popolo 9
                        tel. 342766

Del Cocco
Via Garibaldi 6   tel. 342319

Il Giglio d'Oro
Piazza Duomo 8   tel. 341903

I Sette Consoli
Piazza S. Angelo 1   tel. 343911

La Buca
C.so Cavour 299   tel. 344792

L'Antica Rupe
Via Sant'Antonio 2/A   tel. 343063

Le Grotte del Funaro
Via Ripa Serancia 41   tel. 343276

Maurizio
Via Duomo 78   tel. 341114

San Giovenale
Piazza San Giovenale 6
                        tel. 340642

Taverna dell'Etrusco
Via della Misericordia 5
                        tel. 43947

Black Out
Corso Cavour 310   tel. 340873

INHALTSVERZEICHNIS

FOTOGRAFIEN: ARCHIVIO PLURIGRAF - BARONE
FOTO SEITE 48/49 FREUNDLICH ÜBERGELASSEN "FONDAZIONE PER IL MUSEO CLAUDIO FAINA"
LUFTAUFNAHMEN GENEHMIGUNG S.M.A. 506 DEL 20/06/1991

© Copyright by CASA EDITRICE PLURIGRAF
S.S. Flaminia, km 90 - 05035 NARNI - TERNI - ITALIA
Tel. 0744 / 715946 - Fax 0744 / 722540 - (Italy country code: +39)
Alle Rechte vorbehalten. Nachdruck - auch von Auszügen - verboten.
Druck: 1997 - PLURIGRAF S.p.A. - NARNI

L. 7.000
I.V.A. INCLUSA